AF220702

Christoph-Maria Liegener

Die Transgenderisierungen der Menschheit

© 2020 Christoph-Maria Liegener

Verlag und Druck: BoD – Books on Demand, Norderstedt

Umschlagbild: Rechte beim Autor

ISBN: 9783751915861

Inhalt

Vorwort

Gewaltige Umbrüche finden fast unbemerkt in unserer Gesellschaft statt. Das ist dadurch möglich, dass sich diese Veränderungen Schritt für Schritt über Jahrhunderte erstreckt haben. Wenn man sie identifiziert, zeigt es sich, dass der Vorgang als die bisher letzte Transgenderisierung der Menschheit bezeichnet werden kann. Es gibt tatsächlich mehrere Wandlungen dieser Art, und diese Transgenderisierungen zu beleuchten, ist das Ziel dieses Büchleins.

Das Werk fügt sich damit ein in eine Reihe früherer Abhandlungen, die sich mit der Transgenderisierung der kollektiven Psyche der Menschheit beschäftigt und ihre Bedeutung für die Zukunft der Menschheit herausgearbeitet haben.

Vieles aus den früheren Büchern habe ich hier nochmals erwähnt, damit man dieses Buch auch lesen kann, ohne die früheren zu kennen. Wer sie indes kennt, wird feststellen, dass einige Gedanken sich weiterentwickelt haben.

Dr. Dr. Christoph-Maria Liegener

Einleitung

Um eins gleich am Anfang zu sagen: Es geht hier nicht um die Transgenderisierung von Individuen, sondern um die Transgenderisierung der Menschheit als Ganzes. Da erhebt sich die Frage: Kann ein Kollektiv wie die Menschheit überhaupt ein Gender haben? Das wird zu klären sein.

„Transgender" ist ein sehr allgemeiner, umfassender Begriff. Im engeren Sinn soll hier mit Transgenderisierung der Wechsel des Genders gemeint sein, z.B. von männlich zu weiblich und umgekehrt.

Wenn also von einer Trangenderisierung der Menschheit gesprochen wird, bedeutet das, dass der Menschheit ein Gender zugeschrieben wird, das wechselt. Das ist nicht trivial und trotzdem behaupte ich, dass es möglich ist. Es ergibt sich daraus, dass man das Kollektiv der Menschheit psychologisch charakterisieren kann.

Um das zu tun, müsste man dem Kollektiv der Menschheit eine Psyche zuschreiben und diese dann untersuchen. Das kann man machen und es ist in der Tat nicht neu. C. G. Jung ist genau diesen Weg gegangen und hat auf diese Weise den Begriff des kollektiven Unbewussten geprägt (Jung, 2011), der auf der Annahme beruhte, dass menschliche Kollektive ähnliche psychische Eigenschaften wie die in ihnen organisierten Individuen aufweisen können.

Dem Kollektiv der Menschheit wird also tatsächlich ein Gender zugeschrieben, das im Lauf der Geschichte mehrfach wechselte. Diese zunächst überraschenden Transgenderisierungen sollen nun aufgespürt und besprochen werden.

Die Selbstzerstörung der Menschheit

In früheren Zeiten hatte die Menschheit Angst vor Naturkatastrophen, die ihre Existenz bedrohten. Klassisches Beispiel ist die Sintflut, ein Angstmacher der frühen Menschheit, auf den noch einzugehen sein wird. Es gab und gibt natürlich auch reale Gefahren. Asteroideneinschläge und Supervulkane bedrohen uns nach wie vor.

Das, wovor wir uns am meisten fürchten, hat sich jedoch geändert. Heute ist die Menschheit dabei, sich selbst zu vernichten. Dies ist die größere, weil wahrscheinlichere, Bedrohung. Anders als bei den Naturkatastrophen könnte jedoch die Menschheit gegen die selbstverursachten Katastrophen etwas tun. Tut sie aber nicht, sondern sie beschränkt sich darauf, Angst zu haben. Mehr scheint der kollektiven Psyche nicht möglich zu sein. Beispiel: der menschengemachte Klimawandel. Es wird viel darüber geredet und es werden internationale Konferenzen abgehalten, die nichts bringen, außer dass tonnenweise Kerosin für das Zusammenfliegen der Teilnehmer aus aller Welt zu verballert wird und damit noch mehr Kohlendioxid in die Atmosphäre gepustet wird.

Der Klimawandel ist kein Einzelfall. Der nukleare Overkill des Kalten Krieges hatte die Menschheit mehrfach bis auf einen Knopfdruck an die Grenze der Selbstvernichtung gebracht. Inzwischen hat sich die Gefahr etwas verändert, ist aber durch die Proliferation der Atomwaffen präsent geblieben.

Die ungenügend vom Menschen abgegrenzte Massentierhaltung und das zunehmende Eindringen der Menschen in die letzten Freiräume der Wildtiere hat immer wieder zum Übersprung gefährlicher Viren von Tieren auf Menschen geführt. Bisher war der Mensch nicht in der Lage, sein dafür verantwortliches Verhalten zu korrigieren. Das derzeit grassierende Coronavirus war erst der Anfang. Eines Tages wird man eine derartige Pandemie nicht mehr eindämmen können. Bioterrorismus könnte die Sache beschleunigen.

Fazit: Die Menschheit versucht, sich selbst zu zerstören, und kann sich offenbar nicht bewusst aus diesem Verhalten befreien. Nicht mit einer bewussten Handlung. Aber unbewusst kann sie es! Die Betrachtung der kollektiven Psyche der Menschheit kann sowohl den Drang der Menschheit zur Selbstzerstörung erklären als auch aufzeigen, wie sie unbewusst bereits eine Selbstheilung eingeleitet hat.

Die Ursache ihres Dranges zur Selbstzerstörung ist ihre psychische Situation als die eines Muttersohnes und der Ansatz zur Selbstheilung ist ihre Transgenderisierung zur Psyche einer Frau.

Die kollektive Psyche der Menschheit

Die These: Die gesamte Menschheit verfügt über eine kollektive Psyche und diese hat sich in Analogie zur Psyche eines einzelnen Menschen entwickelt. Mit anderen Worten, die kollektive Psyche der gesamten Menschheit durchläuft verschiedene Entwicklungsstadien, die den Entwicklungsstadien eines einzelnen Menschen entsprechen.

So fernliegend, wie es scheinen mag, ist diese Annahme nicht. Bekannt ist ja, dass die Menschheit verschiedene Phasen durchläuft: Es gab das Zeitalter der alten Hochkulturen, ein Zeitalter des Glaubens, ein Zeitalter der Entdeckungen und viele mehr. Gern charakterisiert man diese Phasen nach den Verhaltensweisen der Menschen, die in ihnen lebten. Warum soll man also Zeitabschnitte nicht auch nach gendermäßigen Verhaltensweisen charakterisieren? Es wäre möglich, diese Verhaltensweisen historisch anzuordnen und eine Entwicklung nachzuverfolgen. Versuchen wir es!

Die verschiedenen Entwicklungsphasen der Menschheit sind weitgehend bekannt. Jetzt müssen sie nur mit denen eines Individuums verglichen werden.

Allerdings: Schon der Anfang ist nicht einfach. Darf man mit der Geburt beginnen? Beim Individuum kann man sich vorstellen, dass die pränatale Phase, die Zeit im Mutterleib, Einfluss auf den späteren Menschen hat. Die Betrachtung der Analogie zur gesamten Menschheit sollte also bereits im Stadium der Entwicklung vor der Existenz beginnen.

Die Zeit vor der Entstehung der Menschheit wurde von der Evolution gestaltet. Die Vorläufer der Menschheit waren Fische, Lurche, Säugetiere.

Gibt es da eine Parallele beim Individuum? Tatsächlich werden die Stufen der Evolution von jedem einzelnen menschlichen Embryo im Mutterleib nachvollzogen. Jeder Embryo verfügt im Verlauf seiner Entwicklung in der Gebärmutter mal über Kiemen, mal über einen Schwanz. Der Embryo durchläuft in seiner Entwicklung die verschiedenen Stadien der evolutionären Entwicklung der Menschheit, bevor er seine menschliche Form ausbildet. Zwischen der Entwicklung eines Embryos und der Evolution der Menschheit besteht also eine nachvollziehbare Parallelität.

Genauso wie die Zeit im Mutterleib den einzelnen Menschen formt, so beeinflusste natürlich die Evolution die gesamte Menschheit. Sie hat ihn zu dem gemacht, was er heute ist. Viele unserer heutigen Verhaltensweisen haben wir von unseren tierischen Vorfahren ererbt.

Erst gegen Ende des dritten Schwangerschaftsmonats beginnt die Ausbildung der Geschlechtsorgane. Dies geschieht beim männlichen Embryo unter dem Einfluss des Testosterons, das die „natürliche" Entwicklung, die zum weiblichen Körper führen würde, verändert. Ist also der weibliche Körper eigentlich der natürliche? Die Natur hat an dieser Stelle die Differenzierung der Geschlechter gewählt. Beide Geschlechter entstehen schon im Mutterleib.

Auch bei den Vorläufern der Menschheit in der Evolution gab es die Notwendigkeit, zwei Geschlechter zu entwickeln. Vor 600 Millionen Jahren entstand mit der Meiose, der Reduktionsteilung, eine Möglichkeit, die Gene in bis dahin unbekanntem Maß zu vermischen. Die Sexualität war geboren. Zwei Geschlechter wurden dafür gebraucht. Nur dadurch wurde der Evolution die Schaffung der Artenvielfalt möglich, die zur Entstehung des Menschen führte. Die Gender-Verhaltensweisen der Menschen dürften aus denen der Tiere hervorgegangen sein.

Das war der Anfang.

Nun also die Geburt. Die Geburt der Menschheit kann mit der Entwicklung des Bewusstseins identifiziert werden. In dem Augenblick, da sich das Bewusstsein in den Individuen entwickelte und die Individuen eine Gruppe formten, entstand erstmals eine kollektive Psyche.

Die Frühzeit der Menschheit begann mit der Säuglingsphase dieses Kollektivs. Ein Säugling ist auf Gedeih und Verderb seiner Mutter ausgeliefert. Die Menschheit war in dieser Phase, die etwa vor zwei Millionen Jahren begann, vollständig von der Natur abhängig. Die Natur hatte die Mutterrolle übernommen. Sie war die Urmutter oder „Große Mutter". Die Früchte der Natur ernährten die Menschen wie die Muttermilch, während die Höhle ihnen Schutz bot wie der Mutterschoß.

Die Abhängigkeit der Menschheit von der Natur kann als ausschlaggebend in dieser Phase angesehen werden. Diese totale Abhängigkeit geht mit einem notwendigen Vertrauen in die als Mutter angesehene Natur einher und bringt eine Dankbarkeit ihr gegenüber hervor. Die Natur wurde verehrt und liebevoll gepflegt.

Die Menschheit war zu dieser Zeit weiblich. Ich würde ein Kollektiv als weiblich bezeichnen, wenn es mehrheitlich Verhaltenszüge aufweist, die als weiblich klassifiziert werden können. Urvertrauen und Naturverbundenheit können als solche weiblichen Züge angesehen werden. Frauen vertrauen und man kann ihnen vertrauen. Das ergibt sich aus ihrer Mutterrolle in stärkerem Maß als beim Mann. Hier handelt es sich nicht um eine verdiente Vertrauenswürdigkeit eines Individuums, sondern um eine in der Evolution entwickelte Eigenschaft des Frauen-Archetyps. Ähnlich verhält es sich mit der Naturverbundenheit. Der Mann ist der, der die Natur bändigt und unterwirft, die Frau ist diejenige, die die Natur zu verstehen versucht, ihre Geheimnisse ergründen will, die im Geheimnis der Geburt gipfeln.

Daher wird die Menschheit zu jener Zeit weiblich ausgerichtet gewesen sein. Noch genauer kann man sagen, dass die starke Mutterbindung für eine Prägung als Muttertochter spricht. Die Menschheit glich in dieser Phase einer Muttertochter.

In einem nächsten Schritt der Entwicklung der Menschheit folgte die Kleinkindphase. In dieser Phase wird beim Individuum die Sprache ausgebildet. Auch das Kollektiv der Menschheit entwickelte in dieser Zeit, die ungefähr vor 100.000 Jahren anzusiedeln sein dürfte, die ersten Sprachen. Oft werden Mädchen bessere sprachliche Fähigkeiten zugeschrieben als Jungen (Hoff-Ginsberg, 2000). War die Menschheit also auch zu dieser Zeit noch weiblich? Um das zu klären, bedarf es weiterer Indizien.

Im der chinesischen Philosophie vom Yin und Yang stellt Yin das Weibliche, Passive, Dunkle, Gefühlsmäßige, Unbewusste, Intuitive dar, Yang das Männliche, Aktive, Helle, Intellektuelle, Bewusste, Planvolle. Diese Einteilung gilt im Wesentlichen bis heute. Männlich ist das Erobernde, weiblich das Empfangende. Frauen sind anmutig, Männer sind stark. Männer bevorzugen die Kontrolle, Frauen sind bereit zur Hingabe.

In der Kleinkindphase handelte die Menschheit noch intuitiv, passiv. Sie reagierte im Wesentlichen auf die Natur. Das spricht für eine weibliche Prägung.

Es gibt mehr Indizien. Die Menschheit, anfangs noch durch die Neandertaler repräsentiert, zeigte das weibliche Kennzeichen des Empfangens. Man ließ in Europa die vor ca. 40000 bis 30000 Jahren neu hinzukommenden Cro-Magnon-Menschen in Frieden einwandern. Eine Koexistenz beider Menschenarten nebeneinander stellte kein Problem dar.

Noch etwas erweist sich als kennzeichnend für eine weibliche Menschheit: Von Anfang an bis zu ihrer vorpubertären Phase in der Altsteinzeit kann der Zustand der Menschheit als anarchisch charakterisiert werden. Es hatten sich noch keine hierarchischen Strukturen als Organisationsformen herausgebildet. Zwar wird es Kleinsthierarchien gegeben haben, aber keine übergreifenden Hierarchien, die das System steuerten. Hier zeichnet sich etwas ab, was für die Gegenwart bedeutsam ist: Ein Zusammenleben der Menschheit ohne übergreifende Hierarchien ist möglich. Interessant und überraschend in diesem Zusammenhang ist, dass es ohne zu mächtig gewordene hierarchische Strukturen keine Kriege gibt (Barclay, 1982). Das macht aus heutiger Sicht eine Welt ohne Hierarchien attraktiv.

Es ist bekannt, dass Frauen dazu neigen, Netzwerke zu knüpfen, Männer hingegen dazu, Hierarchien zu errichten (Schwarz, 2007, S.235). Charakteristische Organisationsformen einer männlichen Welt sind Monarchien und Diktaturen, charakteristisch für eine weibliche Welt sind Anarchien und Demokratien. Hier ist schon eine Schlussfolgerung erlaubt, die sich später bestätigen soll: Eine weibliche Menschheit führt keine Kriege.

Die Abwesenheit übergreifender Hierarchien im Kleinkindstadium der Menschheit, ihr anarchischer Zustand, weist also ebenfalls darauf hin, dass hier die weibliche Seite vorherrschte.

Das korreliert mit den Genderrollen im Zusammenhang mit der Pubertät aus folgendem Grund: Vor der Pubertät sind Mädchen charakterlich stärker und dominanter als Jungen, was sich schon in den schulischen Leistungen äußert. Nach der Pubertät dagegen waren bis in die jüngste Vergangenheit Männer diejenigen, die dominierten und nach außen handelten. Die letztere Rollenverteilung wurde und wird mittlerweile korrigiert. Die vorpubertäre Stärke der Mädchen andererseits war schon lange bekannt. Bereits in Volksmärchen wurde sie thematisiert: Bei Hänsel und Gretel, zwei Kindern, war Gretel die Retterin; umgekehrt wurde Dornröschen, eine erwachsene Frau, vom Prinzen gerettet. Die Rollen wechselten demnach mit der Pubertät. Die Parallelen in der Entwicklung der Menschheit sind offensichtlich: Vor der Pubertät dominierte die weibliche Seite, die Menschheit war weiblich.

Die erste Transgenderisierung

In der späten Kupferzeit begann die Menschheit, sich hierarchisch zu organisieren. In Überresten der Varna-Kultur (4400 - 4100 v. Chr.) gab es erstmals Hinweise auf eine Oberschicht, die damals bereits männlich war. Die Menschheit war erwachsen und männlich geworden. Auch die Tatsache, dass sich überhaupt Hierarchien ausbildeten, weist auf männliche Züge hin. Hierarchien sind das beherrschende Kennzeichen einer ab der Pubertät männlichen Menschheit.

Die neolithische Revolution, die einen der größten Umbrüche in der Entwicklung der Menschheit darstellte, ging diesem Zustand voraus. Sie kann als die Pubertät der Menschheit interpretiert werden. Man ordnet sie ungefähr 9000 - 5500 v.Chr. ein. Was hier stattfand, kann als eine erste Transgenderisierung der Menschheit aufgefasst werden, in diesem Fall von weiblich zu männlich. Die Menschen gaben ihr Leben als Jäger und Sammler auf, wurden sesshaft, betrieben Ackerbau und Viehzucht. Man lebte nicht mehr von dem, was die Natur einem freiwillig schenkte, sondern versuchte, es der Natur abzuringen. Das Ziel war die Beherrschung der Natur. Frauen empfangen, was ihnen freiwillig gegeben wird; Männer nehmen sich, was sie brauchen.

Die Metallverarbeitung begann ihren Siegeszug. Spezialisten entwickelten sich, die die komplizierten Verhüttungsarbeiten beherrschten. Ihnen wurde bald ein angemessener Rang zugebilligt. Immer mehr setzte sich Spezialisierung und eine entsprechende Hierarchie durch. Edelmetalle wurden zunehmend gefördert und waren als Statussymbol gefragt.

So entwickelten sich Hierarchien – Kennzeichen einer männlichen Menschheit.

Die Umstellung von der Jagd auf die Landwirtschaft brachte eine zunehmende Ausbeutung der Natur mit sich (Fehlmann, 2011, S. 144-159). Waren die Wildtiere noch als nicht zu beeinflussende Geschenke der

Natur betrachtet worden, so züchtete man jetzt Getreide und Vieh, beutete den Boden aus. Der Begriff des Grundbesitzes nahm Form an.

Hatte man früher der Großen Mutter für ihre Gaben gedankt, so sah man jetzt sich selbst als seines Glückes Schmied. Die Verehrung der Natur war ihrer Ausbeutung gewichen. Statt eines weiblichen trat ein männliches Verhalten zutage. Der Muttersohn, der Narzisst, trat auf den Plan.

Was bedeutet das?

Die psychische Situation der Menschheit in der männlichen Erwachsenenphase war immer noch durch starke Mutterbindung und einen fehlenden Vater geprägt. Das charakterisiert einen Muttersohn (Pilgrim, 1986, Liegener, 2016a, 2016b, 2017a). In diesem Szenario pflanzt die Mutter dem Sohn die Ziele ein, die sie als Frau nicht verwirklichen konnte.

Die Menschheit hatte die große Mutter verehrt und eine feste Bindung zu ihr aufgebaut. Sie war in der Natur gegenwärtig gewesen, wurde aber in der sich verbreitenden Zivilisation zunehmend abstrakt. Sie war zwar als Göttin in Gedanken nah, konnte aber selbst nicht in das Geschehen eingreifen. Sie konnte nur durch innere Steuerung der Menschen ihre theoretischen Ziele verwirklichen. Sie nutzte ihren Sohn zum Erreichen ihrer Ziele.

Der Muttersohn wird von der Mutter gelenkt, weil der Vater fern ist. Trotzdem sehnt er sich nach einem Vater. Damals suchte sich die Menschheit einen Vater und fand ihn in einem väterlichen Gott, der sich den Auserwählten offenbarte. Der Monotheismus entstand. Dieser Gott war dem Sohn fern. So ist nun einmal die Situation des Muttersohnes. In manchen Religionen durfte nicht einmal Gottes Name ausgesprochen werden.

Da der Muttersohn sich zur Erfüllung der ihm von der Mutter anvertrauten heiligen Aufgaben berufen fühlt, hält er sich für etwas Besonderes, entwickelt sich zum Narzissten. Geformt von seiner Mutter weist er weibliche Züge auf, die im Kontrast zu seiner Fassade der Männlichkeit stehen. Zerrissen von diesem Konflikt neigt der Muttersohn zur Selbstzerstörung. Dazu trägt auch bei, dass er seine überhöhten Ziele nicht erreichen kann, aber andererseits ein Scheitern nicht verkraften kann. Lieber gibt er sich auf. Er ist aus psychologischen Gründen zum Untergang verurteilt.

Die Auserwählten glaubten, in einem gewissen Vertragsverhältnis zu Gott zu stehen, man sprach von einem Bund. Die Basis dieses Bundes: Verehrung gegen Schutz. Den Schutz forderte man dann auch nachdrücklich ein. Gebete wie das „Vater unser" sind eine einzige Auflistung von Imperativen, die Gott entgegengeschleudert werden: „Unser täglich Brot gib uns heute! Vergib uns unsere Schuld! Führe uns nicht in Versuchung! Erlöse uns von dem Bösen!" So spricht der Muttersohn zu seinem Vater. Der Sohn fügt sich nicht mehr in sein Schicksal, wie es die Tochter tat – er handelt die Bedingungen aus.

Bis heute gibt es in zahlreichen Häusern Tafeln mit der Aufschrift: „Herr, segne dieses Haus – und alle, die da gehen ein und

aus!" Damit hatte man das Wichtigste ab-
gedeckt. Eigentlich eine Unverschämtheit,
so etwas in diesem Umfang zu verlangen,
ja zu fordern, aber natürlich war es nicht so
gemeint. Auch bei uns zu Hause hängt ein
Kreuz mit dieser Aufschrift. Wir haben es
nicht abgenommen, weil es ein Zeugnis
jener ausgehenden Muttersohnmentalität
der Menschheit ist. Außerdem ist es nur
unglücklich formuliert. Wenn der Spruch
das Zauberwort „bitte" enthalten hätte,
wäre er auch im Sinne der heutigen Menschen gewesen. Immer noch ein bisschen
viel auf einmal, aber die Menschen sind
eben unersättlich.

Mit dem Aufstieg des Monotheismus
änderte sich auch die Religionsausübung.
In der früheren Muttertochterzeit wird man
weiblich gefärbte Ereignisse erlebt haben,
man wird sich in den Höhlen versammelt
haben, sich wie im Mutterleib gefühlt haben, als große Familie, als Kinder der Großen Mutter. Man wird in einer ungeordne-
ten Ansammlung zusammengekommen
sein, vielleicht kleine Untergrüppchen ge-

bildet haben. Das hatte sich jetzt in der Muttersohnzeit geändert. Es gab nun Priester, Mittler zwischen Gott und den Menschen, es gab frontal ausgerichtete Gottesdienste: vorn der Priester, dahinter die Gemeinde, nach Ständen gestaffelt. So war es wahrscheinlich am Anfang des Monotheismus, so war es im Mittelalter und so ist es fast bis heute geblieben. Derzeit wandelt es sich wieder.

Die Höhle, der Mutterschoß, war im Mesolithikum oft die Behausung gewesen, manchmal auch ein Felsvorsprung, ein Zelt oder eine Laubhütte an von der Natur begünstigten Stellen. Jetzt baute man Häuser aus Holz oder Lehm. Man löste sich vom Mutterschoß und gestaltete sein Leben selbst. Eine männliche Einstellung.

Für die gewaltige Umstellung der gesamten Lebensweise könnten eventuell Umstände mitverantwortlich gemacht werden, die auf einen damals zu beobachtenden Klimawandel zurückgeführt wurden (Smolla, 1960).

Die Menschheit wurde also männlich. Noch ein deutliches Kennzeichen: Es gab die ersten Kriege. Ausgrabungen eines Schlachtfeldes aus der Jungsteinzeit bei Schöneck-Kilianstädten förderten Hinweise auf kollektive Brutalität zutage, wie sie bis zu dieser Zeit nicht bekannt war (Meyer, Lohr, Gronenborn, & Alt, 2015). Vorher war das Verhalten ein anderes gewesen: die verschiedenen Stämme von Jägern und Sammlern gingen einander aus dem Weg. Die Welt war dünn besiedelt und groß genug. Das Wild musste erst noch gejagt werden und war nicht unbedingt ortsfest.

Mit der neolithischen Revolution hatte sich die Situation geändert: Bauern besaßen mit ihren Feldern und Ställen wahre Schatzkammern und mussten diese gegen Plünderer verteidigen. Auch war bei Sesshaftigkeit ein Ausweichen nicht mehr möglich. Bei Überfällen in größerem Stil kam es zu Kriegen. Ländereien waren jetzt Besitz und mussten verteidigt werden.

Das erwähnte Massaker von Schöneck-Kilianstädten kann auf ca. 5000 v. Chr. datiert werden. Etwa zur gleichen Zeit gab es auch Massaker bei Talheim (Deutschland) und bei Schletz (Österreich). Das sind nur die, von denen Überreste gefunden wurden. Die letzteren Fälle unterschieden sich von dem ersteren. Bei diesen Toten konnte nicht dieselbe ausufernde Brutalität festgestellt werden wie im ersteren Fall. Außerdem fehlten die Gebeine junger Frauen völlig. Die Interpretation: Es wurden die gebärfähigen Frauen der Gegner geraubt. Hass war offenbar nicht im Spiel, sondern nur Notwendigkeit. Es gab wohl einen Engpass in der Fortpflanzung. Solche Ereignisse könnten sich öfter zu der Zeit ereignet haben und mögen sich in der kollektiven Erinnerung der Menschheit festgesetzt haben. Bildeten sie den Hintergrund des mythologischen „Raubes der Sabinerinnen" in der römischen Sagenwelt?

Was auffällt, ist die Rolle, die hierbei der Frau zugeschrieben wird. Sie wird nur als Gebärmaschine gesehen, nicht als Persönlichkeit. Sie wird zur Beute. Auch das ist typisch für eine männlich gewordene Menschheit.

Es gibt weitere Anzeichen für die Unterdrückung der Frau. Frauen mussten die schwere Arbeit des Kornmalens per Hand übernehmen. Kniend zerrieben sie die Körner mit einem Stein. Die Skelette weisen abgenutzte Kniescheiben und überentwickelte Oberarmknochen bei den Frauen auf. Diese schwere Arbeit wurde offenbar nicht honoriert: Männer bildeten die Oberschicht. Hier bildete sich etwas heraus, was bis in die jüngste Vergangenheit vorherrschend war und bis heute nicht ganz ausgemerzt ist: die Geringschätzung der schweren Frauenarbeit. Auch dies ein klares Zeichen einer männlich gewordenen Menschheit.

Klaus Theweleit hat das Entstehen der Männerdominanz vor 12000 Jahren mit der Entwicklung von Technologien, die für Ackerbau und Viehzucht notwendig wurden, in Verbindung gebracht (Basad, 2019). Auch die Linearbandkeramik bedurfte ausgefeilter Techniken. Ob Technik wirklich zwangsläufig eine Männerdomäne ist, bliebe noch zu klären. Wenn es jedoch so wäre, würde es zu dem oben beschriebenen Szenario passen: Eine männliche Stärke wurde von der Menschheit verlangt und so transgenderisierte sie sich zum Mann.

Andere finden das Entscheidende der neolithischen Revolution in dem „ab dann etablierten und bewusst werdenden Gegensatz zwischen Zivilisation und Wildnis" (Fiedler, 1993).

Bisher war die Natur Lebensraum der Menschen. Dementsprechend verehrte der Mensch die Natur, unter anderem mit Hilfe der Höhlenmalereien, und versuchte, sie zu verstehen, mit ihr auszukommen.

Nun aber war die Natur der Feind geworden, sollte aus der Kulturlandschaft herausgehalten werden. Nicht nur wuchernde Pflanzen, sondern auch tierische Schädlinge bedrohten die Anpflanzungen. Das Ziel war, die Natur zu besiegen und auszubeuten. Von seiner Konstruktion her ist der Mann eher ein Kämpfer, die Frau eher die Einfühlsame. Ganz klar fand hier ein Wechsel vom Stil der Frau zu dem des Mannes statt.

Vorteil war die bessere materielle Versorgung, Nachteil der Verlust der Bewegungsfreiheit. Es gab einen Wertewandel von dem, was wir heute postmaterielle Werte nennen, zu materiellen Werten. Postmaterielle Werte sind nach heutigem Sprachgebrauch grob gesagt Werte, die man nicht für Geld kaufen kann. Im vorliegenden Fall geht es neben der Bewegungsfreiheit um ein Leben im Einklang mit der Natur. Man kann davon ausgehen, dass die Menschen im Mesolithikum glücklicher waren als im Neolithikum. Es wäre zu dieser Umstellung wohl nicht gekommen, wenn nicht Umstände sie erzwungen hätten, unter denen die materielle Versorgung eben nicht mehr garantiert war.

Das Ganze ist mythologisch verarbeitet worden, und zwar nach allgemeinem Verständnis in dem biblischen Gleichnis von Kain und Abel. Abel war Hirte, Kain Ackerbauer. Der Ackerbauer erschlug den Hirten. Das ist der neolithische Konflikt. Bei genauerem Hinsehen fällt noch etwas auf: Kain beneidete Abel. Die neolithische Menschheit beneidete die mesolithische. Kein Wunder. Die neue Sesshaftigkeit bot zwar materielle Vorteile, wirklich glücklich machte sie offenbar nicht. Glücklicher war man in der weiblichen Welt gewesen.

In den Mythen vieler Völker wird von der Sintflut erzählt. Diese Überlieferungen können großenteil als unabhängig voneinander betrachtet werden. Daraus wurde gern der Schluss gezogen, dass ein reales globales Ereignis, eine gewaltige Überflutung, Vorbild dieses Mythos gewesen sein könnte. Man suchte archäologische Belege. Man glaubte, sie gefunden zu haben und stellte verschiedene Hypothesen auf, zuletzt die von der Flutung des Schwarzen Meeres im siebten Jahrtausend v. Chr. Bisher ist selbst letztere kaum schlüssig nachzuweisen (Yanko-Hombach, 2007).

Die biblische Sintflut wird aus theologischer Sicht ungefähr auf das dritte Jahrtausend v. Chr. datiert, wofür es keine naturwissenschaftlichen Anhaltspunkte gibt. Für die Gläubigen bedarf es natürlich keiner naturwissenschaftlichen Belege. Diese scheint es bisher auch nicht zu geben.

Eine ganz andere Interpretationsmöglichkeit besteht jedoch darin, den Mythos der Sintflut als eine im kollektiven Unbewussten entstandene symbolische Überlieferung des Kollektivs der Menschheit zu sehen. Der Mythos gäbe uns dann einen Einblick ins Unterbewusstsein der Menschheit zur Zeit der neolithischen Revolution. Er spielt damit eine Rolle, wie sie Sigmund Freud dem Traum zugeschrieben hat.

In der Philosophie von Yin und Yang stellt Yin das weibliche Prinzip dar, symbolisiert durch das Wasser, Yang das männliche, symbolisiert durch das Feuer. Auch in der Traumdeutung steht Wasser für das Weibliche.

Bei C. G. Jung ist Wasser ein Archetyp und weist auf das Unbewusste hin. Das Ertrinken der Menschheit im Wasser könnte also ein Verdrängen bewusster Inhalte ins kollektive Unbewusste bedeuten. Es könnte auf eine Überforderung der Menschheit durch die schwierigen Lebensumstände hinweisen, gleichzeitig auf eine Angst vor einer zu starken Weiblichkeit.

Durch die neolithische Revolution war die Menschheit seit ca. 5500 v. Chr. männlich geworden, was sich über mehrere Jahrhunderte hingezogen haben dürfte. Der Traum des Kollektivs der Menschheit von der Sintflut könnte eine irrationale Angst vor dem Weiblichen ausdrücken, die Befürchtung, mit dem Wandel von weiblich zu männlich seine eigene Natur verleugnet und verdrängt zu haben, was sich in inneren Konflikten rächen würde.

Die inneren Konflikte waren die des Muttersohnes, die ihn die Selbstzerstörung suchen ließen.

In dieser dramatischen Situation befand sich die Menschheit über Jahrtausende. Sie quälte sich und sehnte ihren Untergang herbei.

Die Homosexualisierung

Im griechischen Kulturkreis gab es um 1200-750 v. Chr. noch eine weitere Transformation. Man nennt diesen Zeitraum das dunkle Zeitalter und man weiß nicht allzu viel über ihn. Lokal scheint sich im späteren griechischen Kulturkreis das gesellschaftliche Kollektiv damals zu einem homosexuellen Muttersohn gewandelt zu haben (Liegener, 2018, 2019).

Da die Ursachen der Homosexualität noch nicht umfassend geklärt sind, kann man auch über die Gründe der Wandlung zu jener Zeit nur spekulieren. Es gibt Theorien, die besagen, dass Stressfaktoren bei Frauen die Ausschüttung von Stoffen begünstigen, die bestimmte Gensequenzen der Embryos im Mutterleib blockieren, die die sexuelle Präferenz steuern. Sollte es so sein, könnte, begünstigt durch externe Faktoren eine vermehrte Anzahl homosexueller Männer geboren worden sein, die durch ihre Mehrheit das Kollektiv in seiner Ausrichtung beeinflusst haben.

Sollte es sich bei dem Phänomen um einen Phasenübergang des Kollektivs gehandelt haben, wie es die Transgenderisierung darstellt, so wäre die Ausrichtung der Individuen eigentlich nicht von Belang. Trotzdem könnten die Individuen eine kollektive Stimmung erzeugt haben, die den Phasenübergang zustande brachte.

Dass die Krise außerdem eine psychologische Wirkung im Kollektiv analog der Transgenderisierung hervorbrachte, dürfte dabei eine Rolle gespielt haben. Dazu später mehr.

Die erwähnte Wandlung, die aus den katastrophalen Umständen in der dortigen Welt entstand wäre, aber nur für eine begrenzte Zeit währte, brachte das klassische Griechenland hervor.

Eine unwichtige Episode im Angesicht der gesamten Menschheitsgeschichte, könnte man im ersten Augenblick denken, doch weit gefehlt: Diese Epoche prägte unsere abendländische Kultur. Der homosexuelle Muttersohn entwickelte auch weibliche Züge und so entstand in dieser Zeit die Demokratie als eine weibliche

Herrschaftsform – und damit gleichzeitig die Organisationsform unseres menschlichen Zusammenlebens in der Zukunft. Wir haben also die Demokratie der Homosexualität der griechischen Gesellschaft dieser Zeit zu verdanken.

Diese Phase der Homosexualität dauerte bis zum Ende der klassischen Periode in Griechenland. Mit Alexander dem Großen endete diese Phase, obwohl die gleichgeschlechtliche Liebe auch unter den Makedoniern üblich war. Dennoch war die makedonische Staatsform die Monarchie und damit heterosexuell-männlich. Ab 336 v.Chr. gehörte das griechische Kernland zu Makedonien.

Die zweite Transgenderisierung

Da der heterosexuelle Muttersohn, der die Psyche der Menschheit in der Zeit vor und nach der Homosexualisierung repräsentierte, zur Selbstzerstörung neigt, war die Menschheit fast permanent in existenzieller Gefahr. Es häuften sich die Anzeichen, dass sie versuchte, sich selbst zu vernichten. Da fallen zum einen die zahllosen überflüssigen Kriege auf, die es bis in die Neuzeit gab.

Dann tauchte der Klimawandel auf – menschengemacht und mit dem Potential, die Menschheit zu vernichten, verursacht er durch die Menschheit selbst, die die Natur rücksichtslos ausgebeutet hatte. Die Menschheit befindet sich im Expansionsmodus. Selbst die Wissenschaft wird rücksichtslos vorangetrieben, Risiken ignoriert. Bei vielen Experimenten, die man mit Genen und Viren ausführt, kennt man noch nicht einmal alle Gefahren, die der Menschheit drohen. Auch hier besteht die

Gefahr, dass die Menschheit sich selbst vernichtet.

Es gibt einen Lichtblick. Zumindest aus psychologischer Sicht können wir heute Entwarnung geben. Die Menschheit entschärft ihre Disposition zur Selbstzerstörung inzwischen, indem sie sich zu einer Muttertochter transgenderisiert. Dieser Wandel vollzieht sich naturgemäß sehr langsam, da es sich um eine Änderung des kollektiven Unbewussten handelt. Entsprechend kann er auch nicht gesteuert werden, sondern verläuft ohne menschliches Zutun.

Vom psychoanalytischen Standpunkt aus kann der Drang zur Selbstzerstörung mit dem Ödipuskomplex in Verbindung gebracht werden. Aus diesem resultiert nämlich das existenzielle Schuldgefühl, das die männliche Menschheit plagt. Dieses Schuldgefühl, das in der Evolution aus der Selbstüberforderung des Menschen entstand (Liegener, 2015), kann tiefenpsychologisch auf den Ödipuskomplex zurückgeführt werden. Dazu bemerkt Freud (Freud, 1930, Kap. 7): „Wir können nicht über die Annahme hinaus, dass das Schuldgefühl der Menschheit aus dem Ödipuskomplex stammt."

Das existenzielle Schuldgefühl der Menschheit, von der Kirche als Erbschuld thematisiert, ist es, das den narzisstischen Muttersohn in die Selbstzerstörung treibt. Ein Muttersohn kann mit Schuld nicht leben. Deshalb die Selbstzerstörung. Er kann dieser Schuld jedoch auch anders entkommen, nämlich indem er sich zur Muttertochter transgenderisiert. Damit entfällt der Ödipuskomplex, da er an das Gender des Sohnes gebunden war. Die Tochter ist frei von Schuld und kann weiterleben.

Es erhebt sich dann doch die Frage, warum sich die gesellschaftlichen Phasenübergänge unterscheiden. Warum kommt es in der Neuzeit zu einer Transgenderisierung, während beim Untergang der mykenischen Kultur eine Homosexualisierung ausreichte (Liegener, 2018)?

Die Antwort: Die Ursachen haben sich unterschieden. In der Neuzeit lagen sie in der erdrückenden Erbschuld und dem damit verbundenen Ödipus-Komplex. Die Menschheit fühlt sich unbewusst dem Vatergott gegenüber schuldig. Im Mittelalter hatte der Monotheismus diesen Vatergott seit langem übermächtig werden lassen und die Erbschuld könnte zu den bedrohenden Faktoren der Existenzkrise beigetragen haben.

Die Transgenderisierung löst dieses Problem. Eine Homosexualisierung hätte es möglicherweise auch lösen können, wäre aber nicht so eindeutig gewesen wie die Transgenderisierung, da Bisexualität auch eine Option ist. Hinzu kommt, dass die Kirche jahrhundertelang gerade gegen die Homosexualität eine extrem feindliche Haltung eingenommen hatte, was ins Unbewusste durchgeschlagen und eine Homosexualisierung verhindert haben könnte.

Noch etwas kommt hinzu. In der mykenischen Kultur herrschte noch Polytheismus. Es wurde ein Pantheon von vielen Göttern verehrt, die wohl zum großen Teil in die nachfolgende griechische Kultur übernommen wurden (Schofield, 2009). Es gab zwar bei diesen Göttern auch einen Göttervater – entsprechend dem griechischen Zeus (Kerschensteiner, 1970); aber dieser hatte nicht die Stellung des heute verehrten monotheistischen Gottvaters. Zeus war immer noch ein Gott unter vielen, theoretisch wohl der mächtigste, aber angreifbar. In den Mythen musste er ständig um seine Macht kämpfen. Dieser Gott spielte auch nicht die Rolle eines Vaters der Menschheit, ja, er hatte sie nicht einmal erschaffen. Dieser Zeus konnte keinen Ödipus-Komplex der Menschheit auslösen. In Frage als Vater käme höchstens Prometheus, der nach manchen Mythen die Menschen erschaffen haben soll und ihnen das Feuer gegeben haben soll. Er wurde jedoch von Zeus im Kaukasus angekettet und war damit machtlos. Auch er könnte keinen Ödipuskomplex auslösen.

Wegen eines Ödipuskomplexes hätte die Menschheit sich in der mykenischen Zeit nicht transgenderisieren müssen. Die Situation war eine andere als in der Neuzeit.

Ein Weiteres: Zu jener von Naturkatastrophen geplagten Zeit ging es – im Gegensatz zu unserer heutigen Zeit der post-materialistischen Werte – um materielle Werte, ganz existenzielle Dinge. Vermutlich herrschte Nahrungsmittelknappheit. Für den Kampf um die materielle Existenz waren die Männer zuständig (Liegener, 2017a). Die Menschheit brauchte damals noch Teile ihrer männlichen Züge. Der Kompromiss war die Homosexualität. Um im Bild der Erbschuld zu bleiben: Sie stellte damals nicht das Problem dar, sondern wurde weiterhin gebraucht. Die intrinsische Selbstüberforderung der Menschheit konnte noch nicht als überflüssig erachtet werden.

Die weibliche Resilienz

Abgesehen von dem psychologischen Grund für die Transgenderisierung gab es auch einen praktischen Grund, einen, der in der Natur bei Krisen zuweilen vorkommt. Dieser wird auch den Zeitpunkt besser verständlich machen. Die Krise, die hier Pate stand, bildete sich mit dem Beginn der Neuzeit heraus.

Die Krise begann grob gesagt etwa ab 1500 und wurde nach und nach virulent. Mit der kopernikanischen Wende und der Reformation fiel zwar der Startschuss, aber die geistigen Auswirkungen traten erst verzögert ans Licht.

Vorausgegangen war das Zeitalter der Entdeckungen. In dem darauffolgenden Umbruch hatte die Menschheit den Wechsel von der Eroberung der fernen Welt hin zur Kultivierung ihrer nächsten Umwelt, also ihrer Heimat, vollzogen. Für die Eroberungen waren seit je her die Männer zuständig, für die nähere Umwelt, früher die Höhle, waren es die Frauen.

Was geschah mit der Psyche des Kollektivs? Die Menschheit hatte neue Erkenntnisse gewonnen, mit denen sie nicht so leicht fertig wurde. Der Mensch hatte durch die kopernikanische Wende erkennen müssen, dass er nicht mehr den Mittelpunkt der Welt darstellte, wie es die Bibel ihm als Gottes Schöpfung dargestellt hatte. Sein Ausgeliefertsein an das unermessliche Weltall traf ihn als eine unerwartete Einsicht und gleichzeitig wurde die Allmacht der Religion, bisher der Rettungsanker, in Frage gestellt. Der Muttersohn wurde in seiner narzisstischen Selbstüberschätzung erschüttert. Die Psyche der kollektiven Menschheit geriet in eine Existenzkrise. Das ist im Prinzip die Situation des Scheiterns des Muttersohnes, die zu seiner Selbstaufgabe führt.

Entstanden aus einer geistigen Entwicklung, war die Krise eine innere Krise. Infolgedessen kam es zu einer inneren Reaktion, zu einer Art Selbstaufgabe, wenn auch nur zu einer partiellen. Der Muttersohn gab seine männliche Identität auf. Die weibliche Seite der Menschheit begann, das Ruder zu übernehmen. Das ergibt Sinn. Spontane Geschlechtsumwandlungen zur Erhaltung der Art sind aus dem Tierreich bekannt.

Die Frage, die sich hier stellt, ist, ob diese Geschlechtsumwandlung auch vom praktischen Standpunkt richtig war. Hat eine Frau oder ein Mann die größeren Chancen in einer Krise? Mit anderen Worten: Es wäre zu klären, ob die passive (weibliche) oder die aktive (männliche) Verhaltensweise in Überlebenssituationen erfolgreicher ist. Die Frage wurde schon oft gestellt.

Zunächst: Männer kämpfen bei Gefahr, Frauen laufen weg. Deshalb haben Männer den kräftigeren Körperbau und Frauen die längeren Beine.

Genauer: Der Mann kämpft in solchen Situationen seinen Kampf, egal ob sinnlos oder nicht. Sprichwörtlich geworden ist für ihn „der Kampf, den er nicht gewinnen kann". Der Mann bestreitet ihn mit einem gewissen Stolz. Er entspricht seiner Genderrolle. Der Mann fühlt sich dabei wie John Wayne im Western: „Ein Mann muss tun, was ein Mann eben tun muss."

Frauen sind da flexibler. Sie neigen dazu, zu fliehen oder zu resignieren. Das Resignieren hört sich für Männer nicht nach einer Option an, ist aber in der Natur eine durchaus zulässige Strategie, die das Überleben ermöglichen kann. Man braucht allerdings Dulderqualitäten. Erdulden ist eine weibliche Stärke.

Was verspricht mehr Erfolg?

Äsop argumentierte in seiner Fabel vom Frosch im Milchkrug zugunsten des scheinbar aussichtslosen Kampfes: Der in den Milchkrug gefallene und vom Ertrinken in der Milch bedrohte Frosch strampelt so lange, bis die Milch verklumpt und er hinausspringen kann.

Die Evolution, unbestechliche Auswerterin der statistischen Chancen, hat indes anders entschieden: In ausweglosen Situationen stellen sich die Tiere der realen Welt tot. Der Mensch schüttet bei Nahtoderfahrungen Endorphine aus, die ihn sich wohlfühlen lassen und lethargisch machen. Man könnte von einer Gnade Gottes sprechen, die dem Menschen den Tod erleichtert. Gott hätte, wenn es so wäre, einen Weg gewählt, der sich wissenschaftlich erklären lässt. Die simple Erklärung ist eben, dass sich in der Evolution die Resignation als die erfolgversprechendere Strategie durchgesetzt hat.

Sich weiblich zu verhalten, verspricht also die besten Chancen beim Überlebenskampf der Menschheit (Liegener, 2017c, S. 37-40). Das heißt, die Evolution hat das kollektive Unbewusste so entwickelt, dass es in Gefahrensituationen, die das Kollektiv betreffen, die Transgenderisierung von männlich zu weiblich favorisiert.

Hierbei ist die Existenzangst nur der Auslöser. Kollektivpsychologisch gesehen liegt die Gefahr tiefer, nämlich in der drohenden Selbstzerstörung des Muttersohnes, eine Gefahr, die das kollektive Unbewusste sehr wohl spürt. Es handelt dementsprechend, ohne das Bewusstsein zu involvieren.

Soviel zum Prinzip. Es lässt sich aber auch in der Praxis beim Menschen beobachten. Frauen haben in Krisen die größere Widerstandskraft als Männer. Die Evolution hat sie ihnen geschenkt, um die Tortur der Geburt zu überstehen. Diese weibliche Resilienz wurde jetzt gebraucht und mobilisiert. Die entsprechende spontane Transgenderisierung der Menschheit zu einer weiblichen Identität ermöglicht tatsächlich das Überleben der Menschheit. Die entstehende Muttertochter ist psychisch wesentlich stabiler als der Muttersohn. Die Menschheit kann gerettet werden.

Die katastrophale Situation der Menschheit war schon seit einiger Zeit bekannt.

Vor einer Selbstzerstörung der Menschheit wurde wiederholt im 20. Jahrhundert gewarnt. Jürgen Habermas schrieb sie einer „Verschlingung von Mythos und Aufklärung" zu und forderte zu ihrer Vermeidung eine „Selbstbesinnung" (Habermas, 1985, S.130 ff.). Stephen Hawking brachte das Thema kürzlich erneut zur Sprache. Er wies darauf hin, dass es das menschliche Verhalten sei, das die Menschheit in den Abgrund führe (Clark, 2015). Dazu führte er aus, dass Aggression in der menschlichen Frühzeit nützlich gewesen sein mag, heute aber zur Selbstzerstörung der Menschheit führen könne. Folglich plädierte er für mehr Empathie. Da deutet sich etwas an, das auch aus der These dieses Buches folgen wird: Aggression ist eine Eigenschaft der Männer, Empathie eine Stärke der Frauen. Die Rettung der Menschheit liegt in der Zurückdrängung männlicher und der Stärkung weiblicher Verhaltensmuster.

Man könnte noch weitere Gründe für die zweite Transgenderisierung der Menschheit anführen. Der erste war in der Erbschuld zu finden, die im Ödipuskomplex wurzelt. Die Transgenderisierung würde diesen psychischen Konflikt gegenstandslos machen. Diese Begründung erklärt jedoch nicht den späten Zeitpunkt der jetzigen Transgenderisierung, da die Erbschuld schon seit Beginn der Menschheit bestand.

Die zweite Begründung bezieht sich auf die weibliche Resilienz und kann den Zeitpunkt von einer Krise abhängig machen.

Eine dritte Begründungsmöglichkeit ist fast schon trivial. Sie erklärt den späten Zeitpunkt. Die Menschheit hatte mit dem Beginn der Neuzeit um 1500 die Natur in einem solchen Maß kultiviert, dass die ganze Welt eine Heimstatt des Menschen geworden war. Bei den Urmenschen gingen die Männer in der Wildnis jagen, während die Frauen die Höhle wohnlich machten. Da nun die ganze Welt gewissermaßen zur Höhle geworden ist, wird die weibliche Seite der Menschheit vorherrschend. Diese Überlegung erklärt zwar den Vorgang der Transgenderisierung und den Zeitpunkt, nicht aber ihre zwingende psychologische Notwendigkeit aufgrund der drohenden

Selbstzerstörung der Menschheit. Alle drei Erklärungen zusammen ergeben jedoch ein Bild der Geschehnisse. Durch die letzte, die phänomenologische versteht auch einige der Symptome besser. Diese waren von seit den Anfängen zu beobachten.

Die Anfänge

Erste Auslöser der zweiten Transgenderisierung der Menschheit waren die kopernikanische Wende und die Reformation im 16. Jahrhundert. Die kopernikanische Wende beeinflusste die Aufklärung und ihre langfristige Wirkung auf die Rechte der Frauen, während die Reformation direkt die Rolle der Frau verbesserte. Luther und Calvin forderten damals, dass auch Frauen die Heilige Schrift lesen können sollten. Und das zu einer Zeit, da die meisten Frauen weder lesen noch schreiben konnten. Bildung war bis dahin den Männern vorbehalten. Folglich wurden erstmals Mädchenschulen eröffnet. Auch Frauen durften jetzt Bildung erlangen. Das Ziel: Mutter und Vater gemeinsam sollten für die Erziehung ihrer Kinder verantwortlich sein. Ein erster zaghafter Schritt in Richtung Gleichberechtigung.

Geistesgeschichtlich wurde der Grundstein im Anschluss an die kopernikanische Wende mit dem Zeitalter der Aufklärung gelegt, also ungefähr 1700. Frauen gründeten literarische Salons, erste Frauenrechtsbewegungen entstanden.

In der zweiten Hälfte des 18. Jahrhunderts setzte dann die industrielle Revolution ein. Die Mitarbeit der Frauen war gefragt. Das bedeutete für die Frauen einerseits eine Mehrbelastung, die sie zusätzlich zur Hausarbeit tragen mussten, eröffnete ihnen aber andererseits die Möglichkeit, aus der Rolle der Hausfrau auszubrechen und eine gewisse Eigenständigkeit zu erlangen. Frauen wurden nun auch außerhalb des eigenen Haushalts gebraucht. Es gab spezifische Frauentätigkeiten in der Produktion; Frauen waren unverzichtbar geworden. Damit hatten sie im Prinzip eine Machtposition erlangt, die ihnen jedoch zunächst gar nicht bewusst war. Nur langsam erwachte das Bewusstsein der eigenen Stärke und die Bereitschaft der Frauen, für ihre Rechte zu kämpfen.

In der Folge erstarkten Frauenbewegungen unter Führung starker Persönlichkeiten wie Louise Otto-Peters, Helene Lange und Clara Zetkin. Der Kampf dieser Gruppen für mehr Gerechtigkeit und Frauenrechte führte 1894 zur Gründung des Bundes deutscher Frauenvereine und ging im 20. Jahrhundert weiter. Einige Durststrecken mussten dabei überwunden werden. Noch in den sechziger und siebziger Jahren gab es geschlechtsspezifische Ungerechtigkeiten, die bis dahin weiterbestanden hatten und erst zu dieser späten Zeit beseitigt wurden.

Als die gröbsten Ungerechtigkeiten schließlich überwunden waren, konnte die heiße Phase der Transgenderisierung der Menschheit beginnen. Im Zuge dieser Bewegung wird der Kampf gegen subtilere Formen der Ungleichheit weitergeführt.

Die heiße Phase

Der Vorgang der Transgenderisierung trat erst mit den sechziger und siebziger Jahren des 20. Jahrhunderts in seine heiße Phase. Das lässt sich an vielen Symptomen beobachten (Liegener, 2017a, 2017b, 2017c, 1018, 2019). Allen Symptomen gemeinsam ist, dass weibliche Verhaltensweisen des Kollektivs der Menschheit die männlichen ersetzten.

Vom Großen zum Kleinen. Die Gesellschaftsform bei uns ist eine Demokratie – eine weibliche Erscheinung. Das war nicht neu. Die Demokratie war schon in der Anfangsphase der Transgenderisierung ab dem 17. Jahrhundert wiederbelebt worden und löste die männlich geprägten Monarchien ab. Trotzdem setzte sich mit der 68er-Bewegung ein neues Verständnis von Demokratie und gesellschaftlicher Freiheit durch.

Entscheidend für die nun folgende Zeit bis heute ist: Emotionalität wird wichtiger als Rationalität. Frauen können mit emotionalen Inhalten besser umgehen als Männer (Spalek, et al., 2015). Für Männer dagegen ist Leistung wichtiger (Frerichs, 1997, S.130). Das erklärt die neue Vorliebe für Emotionalität und die Zurücknahme des Leistungsdrucks. Bereits die Kinder werden heute in der Schule auf die weibliche Welt vorbereitet. Sogenannte Soft Skills werden wichtiger genommen als die bisher bevorzugten Hard Skills. Emotionale Kompetenz soll gelernt werden statt Faktenwissen.

In unserer Zeit sind Emotionen und Mitmenschlichkeit wichtig, Leistung weniger wichtig.

Das hatte sich schon angekündigt. Die Einsicht hat sich nach und nach durchgesetzt, dass es mehr Erfolg verspricht, wenn man versucht, den Standpunkt des Opponenten zu verstehen, anstatt auf Konfrontation zu setzen. Ein Beispiel ist die Verständigungspolitik Stresemanns in den 20er Jahren des letzten Jahrhunderts. Wenn man beim ehemaligen Gegner Angst diagnostiziert, wäre es kontraproduktiv zu drohen. Vielversprechender war in dem Fall, dem anderen die Angst zu nehmen und Zugeständnisse zu machen.

Lange waren Emotionen in der Politik verpönt. Das ging auf die platonische Dichotomie von Emotionalität und Rationalität zurück. Man glaubte, Emotionen stünden im Gegensatz zu vernünftigen Entscheidungen, würden diese gefährden. Emotionen anzuheizen, wurde der Demagogie zugerechnet und als unseriös angesehen. Erst in der jüngeren Vergangenheit wird Emotionen eine konstitutive Rolle in der Politik zugestanden (Korte, 2015).

Diese Entwicklung birgt eine gewisse Gefahr. Emotionen können nicht immer kontrolliert werden. Entscheidungen nach Grundsätzen der Vernunft können an Fakten geprüft werden, bei Emotionen entfällt das. Ein Sicherheitsnetz stellt dann nur noch das Kriterium der Mitmenschlichkeit dar.

Dennoch, der Trend zur Emotionalität dürfte nicht aufzuhalten sein. Das bestätigt auch die Gesellschaft für deutsche Sprache (GfdS) durch die Wahl des Wortes „postfaktisch" zum Wort des Jahres 2016. „Sie richtet damit das Augenmerk auf einen tiefgreifenden politischen Wandel. Das Kunstwort *postfaktisch*, eine Lehnübertragung des amerikanisch-englischen *post truth*, verweist darauf, dass es in politischen und gesellschaftlichen Diskussionen heute zunehmend um Emotionen anstelle von Fakten geht." (GfdS, 2016)

Mitmenschlichkeit hat auch im Strafvollzug Einzug gehalten. Unmenschliche Strafen sind in den letzten Jahrhunderten abgeschafft worden. Die Resozialisierung der Täter hat Vorrang vor der Strafe. Der Täter wird, auch wenn er unmenschlich gehandelt hat, als Mensch gesehen und so behandelt. Im Mittelpunkt steht die Fürsorge für den Gescheiterten.

Der Vormarsch der Emotionalität ist nur ein Aspekt unserer gewandelten Welt.

Noch allgemeiner hat besonders in den 60er und 70er Jahren des 20. Jahrhunderts ein umfassender Wertewandel eingesetzt (Inglehart, 1995), der sich darin äußert, dass sich der Schwerpunkt von materialistischen zu postmaterialistischen Werten verschiebt. Man kann es als die Umkehrung des Wertewandels der ersten Transgenderisierung sehen. Wie dort besprochen bezeichnen materialistische Werte solche wie körperliches Wohlergehen, Sicherheit und Unversehrtheit. Es sind Werte, an denen sich vor allem Männer orientieren. Sie mussten die handfesten Kämpfe zur Sicherung des Stammes austragen, seine Existenz sichern. Postmaterialistische Werte sind hingegen solche, die über das Existenzielle hinausgehen, die Lebensqualität betreffen: Glück, Gesundheit, Geselligkeit, Kultur. Es sind Werte, um die sich hauptsächlich die Frauen kümmern, die „kleinen" Dinge des Lebens. Frauen machten die Höhle wohnlich, versorgten die Verwundeten, zogen die Kinder auf und verwöhnten ihre Männer. Der neue Wertewandel kann als ein Symptom des Wandels der Menschheit vom Muttersohn zur Muttertochter angesehen werden.

Die zweite Transgenderisierung der Menschheit ist die Rückgängigmachung der neolithischen Revolution. Das heißt nicht, dass man ins Mesolithikum zurückkehren will. Das Leben im Einklang mit der Natur wird durch deren Einbeziehung in unsere moderne Lebenswelt ermöglicht werden.

Es wurde schon darauf hingewiesen, dass es weiblich ist, die Natur zu schützen, männlich, sie auszubeuten. Eindeutig geht der Trend in neuerer Zeit in die weibliche Richtung, nicht erst seit der Fridays-For-Future-Bewegung. Auch die immer öfter geforderte Nachhaltigkeit weist in diese Richtung.

Frauen mussten in der Höhle die Vorräte verwalten, Männer schleppten sie nur heran. Daher verhalten sich Männer großzügig, Frauen ökonomisch. Sogar bis vor Kurzem war es oft so, dass Männer das Geld verdienten, Frauen es verwalteten. Dabei erfanden sie die Sparsamkeit. Die heute so populäre Geiz-ist-geil-Mentalität ist Anzeichen einer weiblich werdenden Welt.

Das Wirtschaften als eine weibliche Tugend tritt immer mehr in den Vordergrund. „Wirtschaft" soll demnächst Pflichtfach an allen Schulen werden.

Die Sparsamkeit greift um sich. Die, die Geld haben, wollen es nicht mehr ausgeben. Es wandert auf die Festgeldkonten und wird der Wirtschaft entzogen. Das fehlende Kaufinteresse hält die Inflation niedrig. Die Investitionsbereitschaft sinkt. Selbst bei den Sozialleistungen wird gegeizt. Das sind Missstände, aber die weiblich werdende Welt reagiert auf ihre Weise mit kleinen Schritten: Auf große Vermögen werden Strafzinsen erhoben (Stand 2020).

Religion

In der Religion kehrt man zu der Haltung zurück, die man vor der ersten Transgenderisierung der Menschheit eingenommen hatte: Man fügt sich in sein Schicksal, wie ein Patient sich in die Hände seines Arztes begibt. Die zahllosen Vorschriften, auf die man sich mit Gott geeinigt zu haben glaubte, geraten in Vergessenheit. Man handelt nicht mehr mit Gott, sondern verehrt ihn, ohne Bedingungen zu stellen. Die Gemeinschaft mit Gott und den Mitmenschen wird genossen. Auf Gottes Fürsorge kann man vertrauen. Das ist die Einstellung einer Tochter.

Diese Einstellung erscheint aus heutiger Sicht sinnvoll und spiegelt unser derzeitiges Weltbild wider. Dieses stellt sich wohl so dar: Die Evolution hat uns Menschen an die Welt angepasst. Wir empfinden das aber umgekehrt und denken, die Welt wäre extra für uns so wunderbar geschaffen worden. Dafür sind wir dankbar. Für unseren Dank brauchen wir ein Gegenüber, das wir „Gott" nennen. Jede Religionsgemeinschaft findet ihren eigenen Gott, den sie verehrt. Die Frage nach der Existenz Gottes ist eine typisch männliche Frage. Männer wollen immer alles ganz genau wissen. Diese Frage stellt sich nicht mehr. In der weiblichen Welt wird Gott ohne Nachfrage verehrt und man vertraut darauf, dass man das Richtige tut.

Bei all den verschiedenen Vorstellungen von Gott gibt es einen gemeinsamen Nenner: Von Gott erhoffen sich die Menschen ein Leben nach dem Tod. Mehr und mehr setzt sich dabei die agnostische Haltung durch, dass wir von jenem Jenseits nicht die geringste Ahnung haben können. Bestenfalls können wir, aufbauend auf der Erfahrung einer für uns so passenden Welt, das Vertrauen entwickeln, dass unser irdisches Leben Teil von etwas Größerem sein könnte, das ebenfalls gut für uns konstruiert sein könnte. Darum zu kümmern brauchen wir uns nicht. Spekulationen über das Jenseits erübrigen sich also.

So in etwa würde wohl eine Mehrheit der Menschheit im gegenwärtigen Stadium das empfinden (Liegener, 2017c).

Man wird in der Religionsausübung nach und nach zu den Gemeinschaftsformen der Altsteinzeit zurückkehren. Priester werden seltener predigen, eher seelsorgerisch tätig sein, wohl auch Rituale ausführen. Die Frontalausrichtung der Gemeinde in den Kirchen, sichtbar an der Stellung der Kirchenbänke wird aufgelockert werden. Das hat schon angefangen: Der Lettner und die Chorbank sind verschwunden, die Gläubigen bilden eine einzige Gemeinschaft. Die Tendenz ist klar und wird sich fortsetzen. Hinzu kommt das, was man als die Demokratisierung der Kirchen bezeichnen könnte. Dieser Prozess hat begonnen und wird wohl noch eine Weile andauern müssen, bis er Erfolg hat.

Dass sich die zweite Transgenderisierung der Menschheit sogar in der Religion und ihrer Ausübung niederschlägt, zeigt welche Durchschlagskraft dieser Vorgang hat. Betrachtet man spezifische Verhaltensweisen der Frauen, wird man Indizien für den Wandel der Menschheit überall in unserer täglichen Alltagswelt finden. Ein Beispiel ist die sogenannte Kultur der beharrlichen verbalen Kritik.

Beharrliche verbale Kritik

Die Art und Weise, wie Frauen eine Situation korrigieren, wurde als eine „Kultur der beharrlichen verbalen Kritik" bezeichnet (Liegener, 2017a). Was dahinter steckt, ist Folgendes: Das Ehepaar Pease identifizierte Nörgeln bei Frauen und Jammern bei Männern als charakteristische Ausdrucksformen (Pease & Pease, 2002). Das „Jammern" der Männer dürfte unbestritten sein, das „Nörgeln" der Frauen jedoch erscheint wohl nur als solches, weil in der Alltagssituation der Mann einfach nicht sieht, was zu tun ist, die Frau es ihm immer wieder sagen muss und er es selbst dann noch nicht hinbekommt. Die beharrliche Wiederholung ihrer Kritik müsste ihr eigentlich hoch angerechnet werden, verlangt sie doch einiges an Geduld. Die Bezeichnung „Nörgeln" wertet sie ab.

Eine angemessenere Bezeichnung dieser weiblichen Verhaltensweise wäre demnach „beharrliche verbale Kritik".

Der Grund für das weibliche Verhalten der beharrlichen verbalen Kritik liegt darin, dass das weibliche Gehirn nicht lösungsorientiert, sondern „vorgangsorientiert" arbeitet (Pease & Pease, 2002, S. 195). Männer suchen eine Lösung für ein gegebenes Problem, lösen es und gönnen sich nach der Lösung ausgiebige Ruhepausen. Frauen besprechen das Problem zunächst einmal miteinander (Fischer, 2008) und werkeln dann ein wenig daran herum – aber nicht zu viel! Es geht nicht um ein schnelles Erledigen, nicht um eine Lösung, sondern um permanent aufeinanderfolgende Verbesserungen, kleine Schritte. Sie machen einen Vorgang daraus, der beliebig lange dauern kann (und soll). Hier liegt die Wurzel der beharrlichen verbalen Kritik: Frauen wollen die Dinge immer weiter verbessern. Das hört nie auf. Im Gegensatz zu Männern, die sich kurz aufbäumen und sprinten, um dann ihre Ruhe zu haben, bevorzugen Frauen den Dauerlauf, sind mit dosiertem Aufwand und mit kleinen Schritten immer unterwegs.

Frauen lieben diese kleinen Schritte. Unnötig zu sagen, dass man auch mit Trippelschritten Großes erreichen kann. Zwar kann man einen Graben mit kleinen Schritten nicht überspringen – aber man kann eine Brücke bauen. Der Vorteil bei kleinen Schritten: Man kann sie rückgängig machen. Männern bleibt nach einem falschen großen Schritt in der Regel nur der Zusammenbruch.

Diese phänomenologisch beschriebenen Verhaltensmuster könnten ihren Ursprung wiederum in der frühmenschlichen Entwicklungsphase haben. Der Mann musste bei der Jagd Höchstleistungen bringen und musste, um dazu in der Lage zu sein, zwischen den Leistungen ausgiebig ruhen. Das männliche Gehirn wird in Ruhephasen heruntergefahren und ist auch heute noch in diesen Phasen nur zu 70% aktiv (Rapouch, 2020). Die Frau hingegen musste rund um die Uhr auf der Hut sein, vor Feinden warnen, das Feuer bewachen, auf die Kinder aufpassen, all die Kleinigkeiten hin- und herräumen und saubermachen, damit die Höhle wohnlich blieb. Höchstleistungen brauchte sie nicht zu erbringen, fand aber nie wirklich Ruhe, musste ständig ein Auge auf ihre Umgebung haben, gegebenenfalls korrigierend eingreifen. Sie bildete die Fähigkeit zum Multitasking aus. Abwechslung suchte sie geradezu, langweilte sich sonst. Auch in gelegentlichen Phasen relativer Ruhe reduzierte die Frau ihre Gehirnaktivität nie unter 90% (Rapouch, 2020). Das ist bis heute so geblieben.

Im Bestreben, das Problem so schnell wie möglich zu lösen, kann es dazu kommen, dass der Mann eine zu einfache Lösung präsentiert, die dann, da sie eben nicht optimal ist, die berechtigte Kritik der Frau auf sich zieht. Dennoch trifft ihn die Kritik in seiner, wie er glaubt, zu dem Zeitpunkt wohlverdienten Ruhepause und wird ihn stören. Überhaupt wird Kritik den Mann immer stören. Entweder ist er gerade mit „Wichtigem" beschäftigt (der Jagd), was seine volle Leistungsfähigkeit beansprucht, oder er befindet sich in seiner Ruhephase. Er kennt nur Wichtiges und Ruhe. Was die Frau bestenfalls erreichen kann, ist, dass der Mann ihre Wünsche als Projekt in seine Pläne aufnimmt und als „wichtig" einstuft. Das ist aber eigentlich nicht, was sie will. Die Dinge, die sie aufs Tapet bringt, sind nicht in dem Sinne „wichtig". Sie will einen kleinen Schritt, keinen großen, will Kleinigkeiten als Kleinigkeiten erledigt sehen, nicht viel Aufhebens darum machen.

Die Vorgangsorientierung der Frau bewirkt, dass sie sich gezwungen fühlt, die Zeit immer mit Aktivität zu füllen – köstlich dargestellt in Loriots Zeichentrickfilm „Feierabend", in dem die Frau ununterbrochen in der Küche herumwerkelt und nicht mitansehen kann, dass der Mann einfach nur im Sessel sitzen will. Kennzeichen des weiblichen Aktionismus ist das Ersetzen von langfristigen Zielen durch kurzfristige. Frauen haben dieses Verhalten kultiviert, nicht nur im täglichen Leben in der Höhle – es gibt noch einen weiteren spezifischen

Grund dafür und der ist traurig: Die Kinder großzuziehen, stand bei Frauen seit jeher im Mittelpunkt des Lebens. Es erforderte nicht nur Beharrlichkeit, sondern leider noch mehr. Zur Zeit der Frühmenschen war die Kindersterblichkeit sehr hoch. Die Frau musste mit der häufigen Situation fertig werden, dass ihr Kind vorzeitig starb. Das bedeutete, dass sie sich für etwas aufopferte, das Leben ihrer Kinder, was ihr womöglich wieder genommen werden würde. Sie musste in der Tätigkeit aufgehen, ohne die Gewissheit eines Erfolges zu haben. Das ging nur, wenn sie sich kurzfristige Ziele setzte, die Zeit des Zusammenseins mit ihrem Kind auskostete, solange es eben ging.

Ist nun die Eigenart der Frauen, mit beharrlicher verbaler Kritik permanent und konstruktiv an einer Verbesserung der gemeinsamen Lebenssituation zu arbeiten, in der heutigen Alltagswelt und jener der jüngeren Vergangenheit als allgemeines Muster zu entdecken?

Spontan fallen einem die 68er ein, eine Bewegung, die von vielen der damals älteren Generation als „Nörgeln" empfunden wurde, ging sie doch von jungen Leuten gutbürgerlicher Herkunft aus, die eigentlich mit ihrer Situation hätten zufrieden sein können. Man brachte sozialrevolutionäre verbale Botschaften friedlich zur Geltung und setzte damit tatsächlich positive Entwicklungen in Gang.

Ähnlich verlief die friedliche Revolution in der DDR, die zum Mauerfall führte. Sie wurde von der dortigen Obrigkeit ebenfalls als „Nörgeln" empfunden. Auch sie war nicht aus einem echten materiellen Notstand geboren worden, sondern diente dazu, verbaler Kritik Gehör zu verschaffen, Verbesserungen des täglichen Lebens anzumahnen.

Der weibliche Weg ist gewaltlos. Gewaltlose Revolutionen wurden im 20. Jahrhundert populär, beginnend mit Mahatma Gandhi und Frauenrechtlerinnen der westlichen Welt sowie der Bürgerrechtsbewegung der Afroamerikaner in den USA. Es wurde nicht die gewaltsame Einnahme

strategischer Positionen des Feindes ange-
strebt. Vielmehr genügte es, mittels kleiner
Schritte (Sit-ins, Streiks, Demonstrationen,
ziviler Ungehorsam) verbale Kritik in den
Fokus der öffentlichen Aufmerksamkeit zu
rücken, um seine Ziele zu erreichen.

Selbst da, wo heute noch Gewalt auftritt,
wird sie in kleinen Portionen eingesetzt.
Beispiel ist der Dschihad. Im sechsten Jahrhundert begann eine gewaltige islamische
Expansion, die sich bis ins achte Jahrhundert fortsetzte. Getragen wurde sie von rie-
sigen Heeren und großen Schlachten. Der
heutige Dschihad des „Islamischen Staates"
verfolgt immer noch das gleiche Ziel: ein
Territorium für den Islam zu erobern. Im
Gegensatz zu früher bedient er sich aber
terroristischer Aktivitäten nach dem Prinzip der Nadelstiche (kleine Schritte). Auch
das passt leider zur weiblich werdenden
Welt.

Beharrliche Verbesserungen in kleinen
Schritten begegnen uns heute überall: un-

zählige je für sich unnötige kleine Verbesserungen, die in ihrer Gesamtheit zu greifbaren Fortschritten führen. Nicht nur die Modewechsel in der Textilbranche, auch ständige Upgrades der Betriebssysteme unserer PCs und immer neue Modelle bei Smartphones und in der Automobilindustrie sind symptomatisch. In der Welt des Mannes ging es um die ganz großen, bahnbrechenden, weltbewegenden Erfindungen – das Erlegen des Wildes. Mit Kleinigkeiten gab er sich nicht ab. Die kleinen Schritte sind weibliche Eigenart, selbst in der Technik. Die Spezialisten sind (noch) mehrheitlich Männer, aber die Vorgehensweise ist weiblich.

Weibliches Gezicke

Was kann noch als typisch weibliche Verhaltensweise bezeichnet werden? Klar: das Gezicke. Es entstand im Umgang der Frauen miteinander und ist der Ersatz für die Hierarchien der männlichen Welt. Frauen klären Konflikte durch kleine Gehässigkeiten. Diese zickigen Auseinandersetzungen laufen praktisch permanent ab und bauen Aggressionen ab. So verhindern sie, dass größerer Schaden entsteht.

Die Umsetzung dieser Verhaltensweise im Kollektiv der Menschheit ist äußerst erfreulich. Es kommt nicht mehr zu größeren Kriegen, weil permanent kleinere Auseinandersetzungen zwischen den Kontrahenten ablaufen. Hybride Kriegsführung, Sanktionen, Spionage, Fake News etc.

Die Abrüstung, die zum Ende des Kalten Krieges führte, funktionierte nach dem Prinzip des „gutmütigen Tit for Tat" (Axelrod, 2009). Diese Strategie, auch „Tit for

Two Tats" genannt, ist die optimale Strategie beim iterierten Gefangenendilemma.
Sie beruht auf dem Prinzip „Tit for Tat"
(Wie du mir, so ich dir), also darauf, dass
jede Feindseligkeit durch Feindseligkeit,
jede Freundlichkeit durch Freundlichkeit
vergolten wird, wobei der Möglichkeit von
Missverständnissen dadurch Rechnung
getragen wird, dass eine Feindseligkeit mit
einer gewissen Wahrscheinlichkeit auch
verziehen werden kann (Gutmütigkeit)
und erst bei Wiederholung (two tats) feind-
selig reagiert wird. Die Gutmütigkeit lässt
sich dabei nicht vorhersagen.

Diese Strategie ist in der Tat die Umsetzung eines Verhaltens, das dem „Gezicke"
der Frauen entspricht, nämlich Gleiches
mit Gleichem zu vergelten.

Als Kontrast: In männlichen Hierarchien
war und ist es unüblich, Gleiches mit Gleichem zu vergelten. Im Gegenteil, die aus
dem Tierreich übernommenen Unterwer-
fungsrituale (man kann an die Hackord-
nung denken) verlangten vom Unterge-
ordneten, Übergriffe des Übergeordneten
(das Hacken) ohne Gegenwehr zu tolerie-

ren. Der Dominante war nicht gewohnt, Vergeltung zu fürchten, und konnte sich beliebig aufspielen. Nur unter Gleichberechtigten, eben in weiblichen Netzwerken, wie Demokratien es sind, war es notwendig und üblich, den Personen, mit denen man es zu tun hatte, das Prinzip der Gegenseitigkeit zu signalisieren. Weibliche Strategien ermöglichten es also, die Drohkulissen des Kalten Krieges abzubauen.

Mittlerweile kommt eine neue Strömung hinzu, die auch als ein Indiz für eine weiblich werdende Welt gelten kann: der Populismus (Liegener, 2017b). Die permanente Oppositionshaltung der populistischen Parteien, die inzwischen international verbreitet sind, stellen im Grunde nur eine Manifestation des Verhaltens der „beharrlichen verbalen Kritik" dar. Im Extremfall können sie sogar als „Gezicke" bezeichnet werden.

Bezeichnend ist bei diesen Parteien der Drang, aus den vorhandenen zentralistischen Strukturen wie z.B. der Europäischen Union auszubrechen und in nationale Organisationsformen zurückzukehren. Daher der Vorwurf des Nationalismus. In der weiblichen Psyche werden Hierarchien und zentralistische Strukturen abgelehnt und netzwerkartige Strukturen bevorzugt.

Insbesondere entstehen solche Parteien als Reaktion auf eine Unterdrückung der Meinung größerer Gruppen, die kein Gehör finden. Sie fungieren dann als Protestparteien und korrigieren mögliche Defizite der Demokratie.

Charakteristisch für diese Parteien ist, dass sie nicht homogen sind. In ihnen sammeln sich die Schlimmen genauso wie gewisse gemäßigte Wähler der Mitte, die nur mit manchen Aspekten der vorherrschenden Politik nicht einverstanden sind. Sie fühlen sich unverstanden, manchmal sogar in ihrer Meinungsäußerung unterdrückt, weil ihre Meinung nicht ganz zur sogenannten „Political Correctness" passt.

Tatsächlich wirken die Vorgaben der Political Correctness zuweilen als eine Art Zensur. Das ist zwar formal nicht der Fall hat aber in der Praxis diesen Effekt. Problematisch ist dieser Vorgang vor allem deswegen, weil die Vorgaben eine Art Kondensation der Meinung der Führungselite des Landes darstellen. Diese Elite erhebt den Anspruch, die Mehrheit zu vertreten. Das ist nicht immer belegbar. Gefährlich wird es, wenn die Elite dazu übergeht, moralische Maßstäbe zugrunde zu legen, die sie selbst vorgibt, die aber die Bevölkerung noch nicht durchdrungen haben.

Der Vorwurf, schreckliche Dinge zu wollen, wird gern pauschal gegen alle erhoben, die auch nur irgendwelche Sympathien mit irgendwelchen Zielen der Populisten haben. Man sagt: „Ein fauler Apfel verdirbt den ganzen Korb." Aber das gilt nur, wenn man nicht aussortiert. Es wäre wohl möglich, die gemäßigten unter den Populisten von den bösartigen zu trennen, indem man ihre Ängste erst nimmt.

Klatsch und Tratsch

Das Reden über Belangloses, der Klatsch und Tratsch, wurde schon immer von Frauen gepflegt. Wenn die Männer auf der Jagd waren, saßen sie in der Höhle und erledigten viele kleinere Dinge gleichzeitig. Dafür hatten sie Multitasking-Fähigkeiten entwickelt. So konnten sie sich neben der Arbeit gleichzeitig unterhalten. Ihre Konzentration war geteilt und so blieben die Gespräche oberflächlich.

Geblieben ist die verbale Überlegenheit der Frauen Männern gegenüber – jedenfalls, was belangloses Geplapper angeht. Die Männer hatten zwar irgendwann die Rede als Machtmittel entdeckt und es hatten sich Spezialisten dafür entwickelt, aber das ist etwas anderes. Spezialisierung ist Männersache. Der Unterschied zu Klatsch und Tratsch: Männer haben es eilig. Das stundenlange Geplauder, das Reden über nichts, wurde von den Frauen kultiviert.

So ist es nicht verwunderlich, dass in einer weiblich werdenden Welt Klatsch und Tratsch immer wichtiger werden. Die sozialen Medien tragen ihren Teil dazu bei. War früher die Verleumdung ein Werkzeug im Machtkampf, die gezielte Weitergabe von Falschinformationen an ausgewählte Personen, so werden heute Gerüchte breit gestreut. Bei der Verleumdung wurde die falsche Geschichte sorgfältig konstruiert, um glaubhaft zu sein. Bei heutigen Fake News macht man sich die Mühe nicht mehr. Die Menge machts. Nicht jede einzelne Information wird überprüft. Manche Informationen passen einfach gut in ein Bild, das man von seinen Feinden verbreiten will, und werden von Mitläufern gern weitergegeben, bzw. „geteilt", wie man heute sagt.

Die neue Einstellung, munter drauflos zu fabulieren, wenn es gilt, eigene Fehler zu kaschieren, ist nicht nur bei den Kleinen verbreitet, auch die ganz Großen praktizieren sie, sogar Regierungen. Propaganda wird von allen eingesetzt – von Diktatoren, aber auch von demokratischen Regierungen. Die Medien werden nach Belieben manipuliert und lassen sich das teilweise gefallen. Es ist ganz einfach: Man braucht einfach nur die Nachrichten zu filtern, die man den Nachrichtenagenturen zuspielt. Alle bedienen sich aus denselben Töpfen.

In machen Ländern werden der Klimawandel und die Corona-Krise schlicht geleugnet. Eine eiserne Zensur sorgt dafür, dass nichts Gegenteiliges verbreitet wird. In anderen Ländern versucht man erst zu leugnen, schwenkt dann, wenn es nicht mehr geht, in blinden Aktionismus um und versucht, Schuldige für die eigenen früheren Versäumnisse zu finden.

Man verpackt seine Botschaften in eingängige Parolen und bringt sie unter das Volk.

Das Volk, in den Demokratien Inhaber der Macht, lässt sich leicht manipulieren. Einfache Botschaften werden gern aufgenommen und durchgekaut. Auch dies eine Folge der zweiten Transgenderisierung der Menschheit: Das Volk bekam eine Stimme und diese wurde aus dem gespeist, was man als Klatsch und Tratsch bezeichnen konnte.

Als Zentren dieses Geschehens etablierten sich zunächst die im 16. und 17. Jahrhundert aufkommenden Kaffeehäuser. Hier verkehrten vor allem Männer. Dass eine weibliche Strömung von Männern getragen wurde, geschah öfter und stört das Bild nicht. Bei einer kollektiven Bewegung sind die sie tragenden Individuen nicht immer entscheidend.

Zuerst entstanden Herrenstammtische, dann kamen auch Damenkränzchen hinzu, bei denen der berühmte Kaffeeklatsch im Mittelpunkt stand. Heute wird in Gesprächsrunden oft nicht mehr so stark nach Geschlechtern getrennt, vielmehr sortiert man sich nach gemeinsamen Interessen.

Eine Symbiose zwischen denen, die Parolen ausgaben, und denen, die sie in ihren Gesprächen ausschmückten, führte zur Gründung von Parteien. Inzwischen macht sich Unmut über deren starre Strukturen breit. Andere Formen entstanden. Eine unkontrollierte Vermischung von Meinungen führt überraschenderweise immer wieder zu Konsenslösungen, die von Mehrheiten akzeptiert werden.

Die Freiheit nimmt zu, dafür aber auch das Risiko intuitiv gefundener, aber falscher Entscheidungen. Die Alternative ist bekannt und wurde im real existierenden Sozialismus ausprobiert: aus philosophischen Grundlagen erarbeitete Programme, deren Umsetzung gegen alle Widerstände erzwungen wurde. Die individuelle Freiheit, die dabei zu kurz kommt, ist ein sehr wichtiges Gut. Das zu ignorieren, hat zum Scheitern des real existierenden Sozialismus geführt.

Die neue, auf Klatsch und Tratsch beruhende Politik ist besser. Man wird nicht immer alles richtig machen, aber, über die Handlungen gemeinsam entschieden zu haben, rechtfertigt auch Fehler.

Wissenschaft

Wer hätte gedacht, dass auch in der Wissenschaft Spuren der Transgenderisierung der Menschheit zu finden sind? Und doch ist es so. Wissenschaft begann in der männlichen Phase der Menschheit und war zunächst männlich.

Der Drang, Phänomene auf zugrunde liegende Gesetzmäßigkeiten zurückzuführen, kennzeichnet eine männliche Ausprägung von Wissenschaft. Man nennt es den analytischen Ansatz. Dieses Vorgehen versucht sich an einer durchgängig rationalen Erklärung der Welt – ein männlicher Wunschtraum. Rationalität auf Kosten der Intuition ist typisch männlich.

Leicht erliegt man bei dieser Methode einem Irrtum, nämlich, wenn man behauptet, man hätte eine Erscheinung vorhersagen können, nur weil man sie a posteriori erklärt und verstanden zu haben glaubt. In der darin liegenden Anmaßung kann man den Muttersohn erkennen.

Das Gegenteil der analytischen Methode ist der holistische Ansatz, die ganzheitliche Betrachtungsweise, die eine Situation umfassend würdigt. Diese Methode erfordert Intuition und eine gewisse Bescheidenheit in der Erklärung der Welt. Man muss Grenzen akzeptieren, was der Muttersohn nicht kann. Der holistische Zugang lässt sich als typisch weiblich einordnen. Einstein dazu: „Der intuitive Geist ist ein heiliges Geschenk und der rationale Geist ein treuer Diener. Wir haben eine Gesellschaft erschaffen, die den Diener ehrt und das Geschenk vergessen hat."

Das ändert sich in der weiblich werdenden Welt. Mehr und mehr kommt in unserer Zeit die holistische Sicht in der Wissenschaft zum Zuge, mehr und mehr wird der Muttersohn zur Muttertochter.

In der Physik ist es nicht lange her und ein Zeichen der weiblich werdenden Welt, dass man seine Grenzen erkannt und akzeptiert hat. Im mechanistischen Zeitalter des 19. Jahrhunderts ging man noch davon aus, im Prinzip das ganze Weltgeschehen auf mechanische Vorgänge zurückführen zu können. Die Mechanik beschreibt die Bewegungen im Kleinsten mittels Differentialgleichungen, die gelöst werden müssen, um die Bewegung im Großen zu beschreiben. Damit sollte sich im Prinzip alles, was man wissen möchte, aus einer geeigneten Momentaufnahme exakt vorhersagen lassen; es würde alles auf strenger Kausalität beruhen. Sinnbild dieses Wunschtraums des Muttersohnes war der Laplacesche Dämon, eine hypothetische überlegene Intelligenz, die in der Lage sein sollte, mittels der damals bekannten Physik aus dem vollständig bekannten Zustand der Welt zu einem gegebenen Zeitpunkt den Zustand der Welt zu jedem beliebigen früheren oder späteren Zeitpunkt zu berechnen. Man glaubte, mehr oder weniger am Ziel der wissenschaftlichen Entwicklung angekommen zu sein. Es gäbe vielleicht noch das eine oder andere Detail auszuarbeiten, aber im Wesentlichen sei die Physik fertig. Ein Fall von Hybris.

Das Schlupfloch, das diese Überheblichkeit ermöglichte, war die Einschränkung
„im Prinzip". Die Lösung der Bewegungs-
gleichungen ist nämlich beileibe kein trivia-
les Problem. In geschlossener Form ließ sie
sich nur in den wenigsten Fällen bewerk-
stelligen. In allen anderen Fällen musste
numerisch vorgegangen werden. Das
konnte beliebig lange Rechenzeiten erfor-
dern und lieferte letztlich doch nur eine
genäherte, keine exakte Lösung. Man konnte jedoch, wenn man Probleme nicht lösen
konnte, einfach darauf verweisen, dass die
Lösung mehr Zeit in Anspruch nehmen
würde. So schob man ungelöste Probleme
vor sich her.

Das Ganze stürzte in sich zusammen, als
man sich Anfang des 20. Jahrhunderts bei
der physikalischen Beschreibung des
Atombaus in Widersprüche verwickelte.
Die Systeme zeigten mal Teichen-, mal
Welleneigenschaften. Ein Dualismus, den
es in der klassischen Mechanik nicht gab.
Man kam nicht weiter.

Erst nach einigem Hin und Her formte sich eine neue Theorie, die damit fertig wurde: die Quantenmechanik. Sie war die erste physikalische Theorie, welche die prinzipielle Unfähigkeit des Menschen akzeptierte, alles wissen zu können. Das war seinerzeit revolutionär und wurde nur durch einen Generationenwechsel der Wissenschaftler akzeptiert.

Ein Beispiel für die Unfähigkeit, alles zu wissen, ist die berühmte Heisenbergsche Unschärferelation von 1927, die besagt, dass es unmöglich ist, Ort und Impuls eines Elementarteilchens gleichzeitig exakt zu kennen. Wenn die Masse bekannt ist, kann man nicht Ort und Geschwindigkeit gleichzeitig kennen.

Allgemeiner gibt es miteinander „inkommensurable Observablen", die nicht gleichzeitig messbar sind.

Da, wo die menschliche Unwissenheit ins Spiel kommt, werden deterministische durch statistische Aussagen ersetzt. Der Laplacesche Dämon ist nun begrifflich unmöglich geworden, der Traum vom Determinismus geplatzt. Die Entwicklung der Welt kann nicht mehr als vorherbestimmt angesehen werden.

Mehr noch: Die Inkommensurabilität mancher Observablen führte dazu, dass man Objekte, die in der Vergangenheit miteinander in Wechselwirkung gestanden hatten, für alle Zeit als korreliert betrachten musste. Auf diese Weise wäre im Prinzip das ganze Universum korreliert. Wie man dennoch zu Aussagen kommen kann, sagt einem die Quantentheorie. Die Quantenmechanik ist demnach eine holistische Theorie.

Man kann die klassische Mechanik als eine Theorie der muttersohnartigen Menschheit identifizieren; in der Quantenmechanik jedoch erkennt man eine Theorie der Muttertochter.

Die Muttertochter schuf damit eine Theorie, die zwar funktionierte und nützliche Aussagen lieferte, aber nicht vorgaukelte, der Weisheit letzter Schluss zu sein. Dabei spielt es keine Rolle, dass die Theorie fast ausschließlich von Männern entwickelt wurde. Nicht die Individuen steuern das Kollektiv, das Kollektiv steuert die Individuen.

Auch die prinzipiellen Grenzen der Mathematik wurden erkannt. Meilenstein war 1931 die Veröffentlichung der Gödelschen Unvollständigkeitssätze. Der erste Satz besagte, dass es in Systemen wie der Mathematik immer unbeweisbare Aussagen geben muss, der zweite, dass es unmöglich ist, innerhalb eines solchen Systems dessen Widerspruchsfreiheit zu beweisen. Hilbert hatte es noch 1921 zum Programm machen wollen, die Widerspruchsfreiheit der gesamten Mathematik zu beweisen. Dieses vom damaligen Zeitgeist geprägte Vorhaben hatte sich nun nach dem zweiten Unvollständigkeitssatz als unmöglich erwiesen. Auch hier hatte die Menschheit ihre Grenzen anerkannt, ihren Narzissmus abgestreift, hatte die Wandlung zur Muttertochter eingeleitet.

Selbst in der Philosophie hat das weibliche Denken Einzug gehalten. Die Zeit der großen, allumfassenden Systeme, die die ganze Welt schlüssig erklären sollten, ist vorbei. Sie hatte ihre letzte Blüte im 19. Jahrhundert im deutschen Idealismus. Die Auswirkungen jener Welterklärungstheorien reichten durch ihren Einfluss auf den Kommunismus bis ins 20. Jahrhundert hinein.

Die Tradition unerfüllbarer Träume von grenzenlosem Wissen reicht von den Alchimisten des Mittelalters, über die Universalgelehrten der Renaissance bis eben zu jenen Systemphilosophen des 19. Jahrhunderts (übrigens alles Männer).

Den übertriebenen Ehrgeiz, die ganze Welt erklärbar zu machen, hat man heute nicht mehr. Im 20. Jahrhundert schraubte man seine Ziele herab. Die Philosophie erhebt zwar immer noch den Anspruch, das große Ganze zu behandeln, musste aber die spezielle Vorgehensweise aufgeben, die Welt als objektiv gegenständlich zu betrachten. Das Problem bei diesem Vorgehen ist, dass das philosophierende Subjekt mitberücksichtigt werden müsste, da es, wie im Fall von Karl Marx, mit seiner Philosophie wiederum die ganze Welt beeinflussen kann. Die Berücksichtigung dieses Einflusses würde zu einer rekursiven Philosophie führen, die im Prinzip nie abgeschlossen sein würde. Die neuere Philosophie ist nicht mehr auf der Suche nach letzten Erkenntnissen, sie betreibt Wissenschaft in kleinen Schritten und das nicht nur, weil Frauen aktiv daran teilnehmen.

Frauen

Die einzelne Frau, als Individuum genommen, muss nicht unbedingt das Ideal repräsentieren, das als Archetyp Vorbild der zukünftigen Menschheit darstellt. Die Frauen, die in einer Männergesellschaft aufgestiegen sind, haben oft Kompromisse geschlossen. Sie mussten, um überhaupt etwas erreichen zu können, Teile ihrer Ideale aufgeben.

Die weibliche Welt wird sich nicht dadurch auszeichnen, dass Frauen männliche Macht ausüben, sondern dadurch, dass weibliche Strukturen entstehen, in denen Macht keine Rolle mehr spielt. Die in der neolithischen Revolution entstandene Missachtung der Frauenarbeit, die bis heute besteht, wird wieder beseitigt werden. Sie wird jedoch nicht durch eine Missachtung der Männerarbeit ersetzt werden. Weiblich ist ein harmonisches Miteinander statt eines Gegeneinanders. Beide Geschlechter werden gewürdigt werden.

Einzelne Individuen können sich immer anders verhalten als das Kollektiv, das sich am Archetyp orientiert. Es mag Frauen geben, die eine Unterdrückung der Männer fordern. Wahrscheinlich ist ihre Kampfkraft sogar notwendig, um den gegenwärtigen Wandel voranzubringen. Dann wären sie Werkzeug der kollektiven Transgenderisierung und damit wichtig. Repräsentanten des Archetyps der Frau sind sie eher nicht.

Ein weiteres Beispiel: die Firmenpolitik. Wenn Quotenregelungen mehr Frauen in die Führungsetagen bringen, ist das gut, aber nicht genug. Es bedeutet, dass an den Symptomen kuriert wird. Die Frauen versuchen nur, männliche Rollen zu spielen. Dabei werden sie (fast) immer im Nachteil sein. Das ist noch keine weibliche Welt.

In einer weiblichen Welt werden sich die Werte verschoben haben. Emotionale Kompetenz wird gefragt sein statt Leistungsmaximierung. Frauen werden gesucht sein, nicht trotz, sondern wegen ihrer Weiblichkeit. Das ist eigentlich ganz naheliegend: Die Evolution hat die Männer darauf vorbereitet zu kämpfen, die Frauen darauf, nett zu sein. Wenn der Leistungsdruck nachlässt, sind Frauen die angenehmeren Kolleginnen. Eine Quotenregelung für Frauen wird überflüssig sein, eher könnte eine für Männer gebraucht werden, wird sie aber nicht, weil in der weiblichen Welt alle gebührend integriert werden. Diese Welt ist im Entstehen, aber sie hat sich noch nicht durchgesetzt. Auch wenn es heute noch schwerfällt, das zu glauben: Diese Welt wird kommen. Was Jahrhunderte gebraucht hat, um in Gang gesetzt zu werden, wird nicht in wenigen Jahren abgeschlossen werden können. Aber die Aussicht auf eine bessere Zukunft hilft.

Noch wichtiger: Frauen können wieder zu ihren Idealen zurückkehren, wenn die Zeit gekommen ist. Es wird nicht mehr die Zcit dcr Amazonen sein, sondern eine Zeit, in der Frauen ohne Ehrgeiz sie selbst sein können und dafür geachtet werden.

Die Frauen, die diese Zeit prägen werden, sind für ihre Nächsten da, sie opfern sich für die Gemeinschaft auf – ohne Hintergedanken, ohne Egoismus. Sie sind Engel für ihre Mitmenschen.

Die Evolution hat Frauen und Männer so geschaffen: Männer sollen tüchtig sein, um Anerkennung zu erlangen, Frauen sollen liebenswert sein und werden deshalb geliebt. Deshalb konkurrieren Männer miteinander, während Frauen harmonieren. Das funktioniert hervorragend und es spiegelt sich in der Gefühlswelt wider. Wer in sich hineinhört, wird es bestätigen können.

In meiner Pubertät hatte ich öfter mal meine jüngere Schwester geärgert, was ich später zutiefst bereute. Damals hatte mein Vater mir beigebracht, dass man Frauen verehren müsse.

„Warum?", hatte ich verständnislos gefragt.

Er hätte darauf hinweisen können, dass es die Frauen sind, die sich für uns opfern, die unsägliche Schmerzen beim Gebären erdulden, um unsere Art zu erhalten. Das tat er nicht. Er sagte nur:

„Das ist eben so."

Seinerzeit hatte ich das nicht verstanden. Heute erspüre und verstehe ich es. Er hatte recht. Über den Frauen liegt ein Zauber, den man nur verehren kann. Nicht rational, sondern gefühlsmäßig. Sie sind wunderbar! Die Evolution hat der Menschheit damit ein Geschenk gemacht, das diese brauchte, um zu existieren. Es ist ein Geschenk nicht nur an die Frauen, die von allen gemocht werden, sondern auch an die Männer, denen diese bewundernswerten Geschöpfe zur Seite gestellt werden.

In der weiblichen Welt werden Frauen so sein können wie sie es idealerweise sind und sie werden dafür verehrt werden. Endlich! Da löst sich ein Widerspruch. Es gibt nämlich idealtypische Frauen auch heute schon, nur werden sie kaum beachtet. Was für eine Ignoranz unserer bisherigen Gesellschaft! Die Heldinnen unserer Welt nicht genügend zu würdigen!

In Zukunft werden diese Frauen gewürdigt und verehrt werden. Sie werden keine Herrscherinnen sein, da es keine Herrschaft mehr geben wird. Die Entscheidungen, die

gefällt werden müssen, werden von Netzwerken im Gespräch getroffen werden. Das
Glück aller wird im Mittelpunkt stehen. Es
wird eine paradiesische Zeit werden.

Männer

In kleinen Schritten verbessert die Frau permanent ihre Umgebung. Das war gezeigt worden. Zumindest hält sie für Verbesserungen, was sie tut. Der Mann in der Partnerschaft wird da nicht verschont. Er ist der erste Adressat ihrer beharrlichen verbalen Kritik. Unmerklich wird er von ihr umgeformt, zum Hausmann gemacht. Der Prozess ist bekannt und wurde Betaisierung genannt (Fischer, 2008), weil der ehemalige Alpha-Mann sich unter dem Einfluss der Frau zum Beta-Mann wandelt. Dieser ist dann haushaltstauglich, allerdings zahlt er für diesen Wandel damit, dass er nicht mehr so attraktiv für die Frau ist.

Das ist dann der neue Typ des Mannes.

Dennoch: Die Männer werden nicht die Opfer der Umstellung sein.

Erstens haben sie sich bereits der veränderten Welt angepasst und werden es weiter tun. Machos gibt es heute kaum noch. Es ist einfach verpönt. Auch die bisweilen immer noch zu beobachtende Überheblichkeit eigentlich zivilisierter Männer Frauen gegenüber, neudeutsch „mansplaining" genannt, wird weiter zurückgehen.

Die meisten neuen Männer sind bereits betaisiert und werden mit der Situation gut zurechtkommen.

Zweitens ist der Unterschied zwischen Frauen und Männern das Salz in der Alltagssuppe. Wie langweilig wäre das Leben ohne die kleinen Unterschiede!

Drittens gibt es immer noch Dinge, die – statistisch gesehen – Männer besser können als Frauen. Zumindest bilden sie es sich ein und sie tun diese Dinge dann mit mehr Spaß. Natürlich gibt es auch Dinge, bei denen es umgekehrt ist: Frauen können sie besser als Männer. In der Männerwelt wurden die Dinge, die Männer besser können, höher eingeschätzt als die Dinge, die Frauen besser können. In der kommenden weiblichen Welt wird es nicht einfach umgekehrt sein, sondern jede/jeder wird für seine Fähigkeiten geschätzt werden.

Schwer lässt sich sagen, wie das Zusammenleben in dieser zukünftigen Welt genau aussehen wird. Hierarchien werden durch Netzwerke ersetzt. Was bedeutet das im Kleinen? Hierarchisches Verhalten haben wir schon von unseren tierischen Vorfahren ererbt. Hackordnungen kennen wir aus dem Tierreich. Kann man denn wirklich ohne sie auskommen? Unsere gesamte Sozialisation beruht darauf. Andererseits gibt es Lebensmodelle, die ohne so etwas auskommen. Die Lehre von der christlichen Nächstenliebe böte sich dafür an. Sie ist weit verbreitet, aber nicht konsequent umgesetzt worden. Die Hippie-Bewegung hatte ähnliche Ziele. Viele Einzelschicksale haben gezeigt, dass es möglich wäre, ohne Hierarchien zu leben. Meinungsverschiedenheiten wird es natürlich immer geben, aber sie können von einer Gemeinschaft gelöst werden. Die Macht der Gemeinschaft manifestiert sich schon heute, wenn nach „Political Correctness" gestrebt wird.

Falsche Hoffnungen wären allerdings auch nicht angebracht: Nicht alles wird in der weiblichen Welt besser. Endlose Diskussionen, wie in der weiblichen Welt üblich, können zwar den Ausbruch von Kriegen bremsen, sie verhindern auf der anderen Seite aber auch schnelles entschlossenes Handeln, wie es zur Bekämpfung des Klimawandels notwendig wäre. Das Eine gibt es nicht ohne das Andere. Der Klimawandel wird wohl kommen, aber er wird die Menschheit nicht vernichten, sondern nur dezimieren (Liegener, 2019). Die weibliche Menschheit wird damit fertig werden.

Transgender

Bei uns Individuen gibt es weit mehr Geschlechtsvarianten als Frauen und Männer. Die Ausprägungen können das Verhalten betreffen oder auch körperliche Eigenschaften. Beim Kollektiv der Menschheit kann man von körperlichen Eigenschaften natürlich nicht reden. Nur die kollektive Psyche konnte Gegenstand der Betrachtungen sein. Beim Verhalten allerdings wären tatsächlich sehr viele Variationen denkbar. Immerhin gab es zur Zeit der griechischen Hochkultur die Ausprägung des Kollektivs als ein homosexueller Muttersohn. Warum sollten nicht auch andere Ausprägungen möglich sein, warum nicht queer? Wahrscheinlich ist die Betrachtung der Menschheit als Ganzes Ursache dafür, dass jegliche Einteilung pauschal und grob sein muss. Es ist einfach zu schwer, genauere Definitionen aufzustellen und im Kollektiv bestätigt zu finden.

Die Individuen, die sich in einer Gesellschaft finden, spiegeln nicht automatisch das Kollektiv wider. Immerhin lässt sich feststellen, dass sich Transgender zu keiner Zeit so frei entfalten konnten, wie sie es in der heutigen weiblich werdenden Welt tun können. Es würde wohl zu weit führen, daraus Transgender-Eigenschaften der gesamten Menschheit abzuleiten. Wie ich es sehe, fühlt sie (die Menschheit) sich einfach als Frau und hat ihre männliche Vergangenheit hinter sich gelassen. Andererseits ist vieles in ihrem kollektiven Gedächtnis gespeichert. Das verleiht ihr Lebenserfahrung, das macht sie aus, das ist ihre Geschichte, die sie nicht verleugnet.

Also erhebt sich die Frage: Kann die Transgender-Vergangenheit der Menschheit ihr Verhalten in Gegenwart und Zukunft beeinflussen? Das ist möglich. Ein Beispiel lässt sich vom Schicksal der Individuen ableiten. Wer sich von Mann zu Frau transgenderisiert hat, ist einen großen Schritt gegangen. In vielen Fällen hat sie/er diesen Schritt unternommen, weil sie/er ihre/seine männliche Identität gehasst hat. Mit dem Hass wuchs der Druck zur Transgenderisierung, bis sie vollzogen wurde. Die Transgenderisierung führte dann zwar zur Befreiung aus der verhassten männlichen Identität, aber der Hass auf alles Männliche blieb.

Bezogen auf die Menschheit als Ganzes würde das bedeuten, dass es nach der Transgenderisierung Teile der Menschheit gibt, die immer noch das Männliche hassen. Es wäre für das Kollektiv wie für das Individuum erklärlich: Die Überwindung der Bindung an das bisherige Gender kostete Kraft, eine Anstrengung, die emotional durch das Hassgefühl befeuert wurde.

Wenn es so wäre, würde es eine Überreaktion auf die männliche Vergangenheit geben, eine verständliche Entwicklung. Anzeichen dafür könnten eventuell in manchen feministischen Strömungen gesehen werden. Dabei ist zu beachten, dass feministische Aktivitäten nicht als Fehlentwicklungen einzustufen sind. Im Gegenteil, in der Vergangenheit, ja sogar noch in der Gegenwart, haben sie geholfen, die Transgenderisierung der Menschheit in die Wege zu leiten. Man kann sogar sagen: In der männlichen Welt stellten sie teilweise eine zwingend erforderliche Notwehr da.

Wenn aber die Welt wirklich weiblich geworden sein wird, entfällt diese Notwendigkeit der Notwehr. Die weibliche Stärke des Verzeihen-Könnens wird dann gefragt sein. Ein friedliches Miteinander der Geschlechter ohne Frontenbildung wird das Ziel sein. Die Welt wird eine ideale Frau geworden sein.

Die Zukunft

Gibt es überhaupt eine Zukunft für die Menschheit oder wird sie aussterben? Die Selbstzerstörung scheint vom Tisch zu sein und externe Katastrophen lassen sich nie ausschließen, aber was mit dem Geburtenrückgang. Seit 150 Jahren gehen weltweit die Geburtenraten zurück.

Hier könnte man einen Widerspruch zum Weiblich-Werden der Menschheit vermuten. Der Grund: Der geläufige Archetyp „Frau" beinhaltet auch den Begriff „Mutter". Man würde vielleicht erwarten, dass „die Frau" tendenziell einen Kinderwunsch hegt.

Wieso gehen dann in einer weiblich werdenden Welt die Geburtenraten zurück?

Der Annahme liegt eine zu simple Auffassung vom Kinderwunsch der Frau zugrunde.

Deshalb ganz von vorn: Es ist nun einmal biologisch gegeben, dass die Frau das Kind zur Welt bringt. Männer bewundern das, beneiden die Frau angeblich zuweilen sogar darum. Allerdings hat niemand die Frauen in all den Millionen Jahren der Evolution jemals gefragt, ob sie diese Rolle überhaupt spielen wollen. Sie haben sie sich jedenfalls nicht ausgesucht. Schließlich durchleiden sie bei der Geburt unglaubliche Schmerzen. Die nachfolgende Sorge für die Kinder kostet Mühe und nimmt fast das ganze Leben der Frau ein. Es wäre möglich, dass „die Frau" sich das gar nicht wünscht, dass sie es nur tapfer erduldet. Die männliche Menschheit hätte ihr dann nur angedichtet, dass es das ist, was sie will.

Das bleibe erst einmal dahingestellt. Was man aber sagen kann, ist, dass die wenigsten Frauen den Wunsch nach unkontrollierter Vermehrung hegen. Die Betonung liegt auf „unkontrolliert". Die Frau liebt ihre Kinder und wünscht sie sich. Sie weiß aber auch, dass sie diejenige ist, die nachher die Verantwortung für ihre Kinder trägt. Daher wägt sie ab. Sie will die Kinder, die sie in die Welt setzt, ernähren können. Das schränkt die Zahl ein. Der Wunsch nach uneingeschränkt möglichst vielen Kindern geht entwicklungsgeschichtlich vom Mann aus, der sein Erbgut so weit wie möglich verbreiten will. Maßlosigkeit ist Kennzeichen des Muttersohnes. Frauen hätten, wenn sie gekonnt hätten, schon immer die Geburtenkontrolle befürwortet.

Der Geburtenrückgang passt also zur weiblich werdenden Welt und wird sich fortsetzen. Er bedroht jedoch nicht die Menschheit. Im Gegenteil, Überbevölkerung wäre die größere Gefahr. Die Muttertochter ist also auf dem richtigen Weg.

Wie geht es weiter?

Die Menschheit wird eine erwachsene Muttertochter. Sie wird wohl danach die nächste Zeit weiblich bleiben. Alterungserscheinungen lassen sich bisher nicht feststellen. Die Menschheit ist immer noch nach vorn gewandt, dringt weiter ins Weltall vor; bemannte Flüge zum Mars sind geplant. Alt ist die Menschheit noch lange nicht. Eher kommt sie gerade erst in ein Alter, wo sie an Kinder denken könnte. Nachwuchs in Form der künstlichen Intelligenz ist bereits auf dem Weg.

Wird uns die künstliche Intelligenz eines Tages überflüssig machen? Das lässt sich heute noch nicht mit Sicherheit ausmachen. Sollte es jedoch dazu kommen, wäre das ein Zeichen, das die Menschheit zu altern begänne. Sie träte in den Ruhestand. Die Evolution würde in dieser Phase nachteilige Entwicklungen zeitigen, die Menschheit würde degenerieren und langsam aussterben. Da ist die Natur gnadenlos.

Natürlich sind auch andere Szenarien denkbar. Die Menschheit könnte den ferneren Weltraum durch Generationenraumschiffe erobern. Die gigantischen Entfernungen würden mit sich bringen, dass einzelne Teile der Menschheit sich unterschiedlich entwickeln würden. Das entspräche dann einer Familie der Menschheit mit verschiedenen Kindern. Die einzelnen separierten Teile der Menschheit könnten sich gendermäßig in verschiedene Richtungen entwickeln.

Schluss

Die neolithische Revolution und die industrielle Revolution kennzeichnen die beiden großen Transgenderisierungen der Menschheit, einmal von einer Muttertochter zu einem Muttersohn und einmal von einem Muttersohn zu einer Muttertochter. Beim ersten Mal befand sich die Menschheit in ihrer Pubertät, beim zweiten Mal in der Erwachsenenphase. Ob es weitere Transgenderisierungen geben wird, lässt sich vorläufig nicht sagen.

Zurzeit ist die Welt zu klein für eine sich zerfleischende männliche Menschheit, aber es könnte in Zukunft anders aussehen, wenn wir den Weltraum erobern. Das ist heute noch Science-Fiction, der Fall kann aber irgendwann eintreten. Dann ist wieder die expansive Menschheit gefragt, die männlichen Eigenschaften könnten wieder gebraucht und abgerufen werden. Eine neuerliche Transgenderisierung zu einem

Mann wäre denkbar. Die Gefahr der Selbstzerstörung des Muttersohnes wird durch die räumliche Trennung eine geringere Rolle spielen als derzeit. Damit entfiele das Hauptargument gegen die Menschheit als Muttersohn. Vielleicht wird es eine weitere Transgenderisierung geben. Das steht noch in den Sternen.

Literaturverzeichnis

Axelrod, R. (2009). *Die Evolution der Kooperation. 7. Auflage.* München: Oldenbourg.

Barclay, H. (1982). *Völker ohne Regierung: eine Anthropologie des Anarchismus.* London: Kahn and Averill.

Baron-Cohen, S. (2004). *Vom ersten Tag an anders.* Ostfildern: Patmos.

Basad, J. S. (2019). Männer tragen eine 12000 Jahre alte Gewaltgeschichte im Körper. Interview mit Klaus Theweleit. *Neue Zürcher Zeitung*, 40.

Burkert, W. (1990). *Antike Mysterien. Funktionen und Gehalt.* München: C.H. Beck.

Clark, N. (2015). Stephen Hawking: Aggression could destroy us. *The Independent*, Ausg. v. 19. Feb.

Fehlmann, M. (2011). *Die Rede vom Matriarchat.* Zürich: Chronos.

Fiedler, L. (1993). Die Definition des kulturellen Wandels als archäologische Hypothese. *Archäologische Informationen 16*, S. 53-55.

Fischer, A. (2008). *FRAUEN - Eine Bedienungsanleitung, die selbst Männer verstehen.* Hannover: humboldt.

Frerichs, P. (1997). *Klasse und Geschlecht, Bd. 1. Arbeit. Macht. Anerkennung. Interessen. (Schriftenreihe Sozialstrukturanalyse; Bd. 10).* Opladen: Leske + Budrich.

Freud, S. (1930). *Das Unbehagen in der Kultur.* Wien: Internationaler Psychoanalytischer Verlag.

GfdS. (2016). GfdS wählt "postfaktisch" zum Wort des Jahres 2013. *Pressemitteilung der GfdS vom 9. Dez.*

Habermas, J. (1985). *Der philosophische Diskurs in der Moderne. Zwölf Vorlesungen.* Frankfurt/Main: Suhrkamp.

Heelas, P., & Woodhead, L. (2005). *The Spiritual Revolution. Why Religion is Giving Way to Sprituality.* Oxford: Blackwell.

Hoff-Ginsberg, E. (2000). Soziale Umwelt und Sprachlernen. In H. Grimm, *Sprachentwicklung. Enzyklopädie der Psychologie. C, III, 3* (S. 463-494). Göttingen: Hogrefe.

Inglehart, R. (1995). *Kultureller Umbruch. Wertewandel in der westlichen Welt.* Frankfurt: Campus.

Jung, C. G. (2011). *Die Archetypen und das kollektive Unbewusste (Gesammelte Werke 9/1)*. Ostfildern: Patmos.

Jung, C., & Kerényi, K. (2012). *Das göttliche Kind – Eine Einführung in das Wesen der Mythologie; Neuausgabe.* Patmos: Ostfildern.

Kerschensteiner, J. (1970). *Die mykenische Welt in ihren schriftlichen Zeugnissen.* München: Heimeran.

Korte, K.-R. (2015). *Emotionen und Politik. Begründungen, Konzeptionen und Praxisfelder einer politikwissenschaftlichen Emotionsforschung.* Baden-Baden: Nomos.

Lalueza-Fox, C., Rosas, A., Estallrich, A., Gigli, E., Campos, P., Garcia-Tabernero, A., . . . delaRasilla, M. (2011). Genetic Evidence for Patrilocal Mating Behaviour among Neandertal Groups. *Proceedings of the National Academy of Sciences of the USA, vol. 108*, S. 250-253.

Liegener, C.-M. (2015). *Erbsünde und Erbschuld – Vom Ursprung unseres existenziellen Schuldbewusstseins.* Hamburg: tredition.

Liegener, C.-M. (2016a). *Wie wurde Jesus Gottes Sohn? Muttersöhne in der Bibel.* Essen: Die Blaue Eule.

Liegener, C.-M. (2016b). *Der Muttersohn im Mythos.* Hamburg: tredition.

Liegener, C.-M. (2017a). *Warum die Welt weiblich wird. Ein Psychogramm der Menschheit.* Leipzig: Einbuch-Verlag.

Liegener, C.-M. (2017b). *Kollektivpsychologische Ursachen des Populismus.* München: GRIN-Verlag.

Liegener, C.-M. (2017c). *Der Verlust des Jenseits.* München: GRIN-Verlag.

Liegener, C.-M. (2018). *Der Untergang der mykenischen Kultur.* München: Grin-Verlag.

Liegener, C.-M. (2019). *Machtlos gegen den Klimawandel.* Norderstedt: BoD – Books on Demand.

Meyer, C., Lohr, C., Gronenborn, D., & Alt, K. (8. September 2015). The massacre mass-grave of Schöneck-Kilianstädten reveals new insights into collective violence in Early Neolithic Central Europe. *Proceedings of the National Academy of Sciences of the USA 112*, S. 11217-11222.

Pease, A., & Pease, B. (2002). *Warum Männer lügen und Frauen immer Schuhe kaufen.* Berlin: Ullstein.

Pilgrim, V. E. (1986). *Muttersöhne.* Düsseldorf : claassen.

Rapouch, O. (abgerufen 19.4.2020). Zeit für Gehirnpause. *http://www.maennernews.info/php/geschlec htsspezifisches_verhalten,2729,24832.html.*

Schmelzing, P. (30. Oct. 2019). Eight Centuries of Global Real Interest Rates, R-G, and the 'Suprasecular' Decline. *SSRN*, S. 1311-2018.

Schofield, L. (2009). *Mykene: Geschichte und Mythos.* Mainz: Zabern.

Schuler, R. (17. Dezember 2017). Nur jeder Fünfte will Weihnachten in die Kirche. *bild.de.*

Schwarz, G. (2007). *Die "Heilige Ordnung" der Männer: Hierarchie, Gruppendynamik und die neue Rolle der Frauen, 5.Auflage.* Wiesbaden: VS Verlag für Sozialwissenschaften.

Smolla, G. (1960). *Neolithische Kulturerscheinungen.* Bonn: Habelt.

Spalek, K., Fastenrath, M., Ackermann, S., Auschra, B., Coynel, D., Frey, J., . . . Milnik, A. (2015). Sex-Dependent Dissociation between Emotional Appraisal and Memory: A Large-Scale Behavioral and fMRI Study. *Journal of Neuroscience 21*, S. 920-935.

Stokowski, M. (25. Dezember 2018). Harmonische Feiertage. Frauen als Stahlträger und Zuckerguss. *Spiegel - online*.

Yanko-Hombach, V. (2007). *The Black Sea flood question. Changes in coastline, climate and human settlement.* Dordrecht: Springer.